Money錢

Money錢

Money錢

Money錢

賽道之外

從3A總裁到
冠軍自釀啤酒師的破框人生

陳雨德 著

K金尉出版　**Money**錢

目錄

推薦序｜Vito 大叔
你不一定要攻上山頂 但是得尋找更美的風景！　　006

推薦序｜愛瑞克
真正屬於你的一片天地 在賽道之外　　008

推薦序｜鄭世奇
盡最大努力然後順勢而為的人生哲學　　011

前言
我們的生命歷程 是留給世界的禮物　　016

Chapter 1
從逼不得已的斜槓人生出發

1-1｜自雲端翻轉向下的人生開局　　025
1-2｜原生家庭之「地球大學修練小組」　　034
1-3｜無力選擇時順著流走 方向清楚時全力以赴　　046
1-4｜這位同學你想打工嗎？　　055

Chapter 2
他們付你多少薪水 讓你放棄那些夢想

2-1	電子新貴原來是一場誤會	071
2-2	升職反倒加速了離職	079
2-3	盤點人生「不要」什麼？	085
2-4	先蹲後跳的職場冒險	091
2-5	遇見台灣中小企業隱形冠軍	098

Chapter 3
登上事業山頂 然後呢？

3-1	放下一切打掉重練	113
3-2	接班人養成計畫	122
3-3	你想成為怎樣的人？	134
3-4	如履薄冰的 3A 總裁	143
3-5	我的人生價值不是由物質所定義	154

Chapter 4
39歲離開職場 重新點燃人生

4-1 ｜ 放下設定好的人生 才能過值得的人生　　161
4-2 ｜ 做好這6件事 退休後再創下一個開始　　169
4-3 ｜ 財務自由後還要工作嗎？　　176
4-4 ｜ 另一種放大退休金的方式　　181

Chapter 5
沒有職業收入 如何自由的生活？

5-1 ｜ 告別殺進殺出的炒股時期　　189
5-2 ｜ 讓退休金變好用的2種方式　　193
5-3 ｜ 家庭主夫省錢妙招 刷卡賺逾20張機票　　205
5-4 ｜ 退休理財只求穩 打造低波動的被動收入　　215

Chapter 6
人生不設限 活出你想要的樣子

6-1	陪著孩子一起重新長大	231
6-2	陪著父母一起退休	245
6-3	酒量不好的自釀啤酒達人	253
6-4	自我鍛鍊與公益實現	271
6-5	成為偉大計畫的一部分	284

Chapter 7
打造不被定義的破框人生

7-1	創造自己定義的財務自由	301
7-2	給不同階段的你一些建議	307
7-3	人生的指引 未來的自己	314

| 致謝 | 精彩人生永不停歇 | 320 |
| 破框人生集錦 | | 322 |

推薦序

你不一定要攻上山頂
但是得尋找更美的風景！

熱情人生學院執行長、設計人生教練、人氣播客／**Vito 大叔**

　　如果把人生比喻成一座高山，你攀爬的目標是什麼呢？有人為了征服最高的山峰，也有人醉心於山間的景色，更有人選擇停下腳步，駐足悠遊於當下的美好。

　　我很喜歡雨德寫在書中的這段話：「FIRE 並不是光指物質上的財務自由，而是在我們幸運地達到退休後如何再次點燃（FIRE）自己的下一段人生。」

一直以來，很多人都認為 FIRE（Financial Independence, Retire Early）指的是「財務自由、提早退休」的成功人生。但事實上，FIRE 真正的精神在於「設計出自己夢寐以求的人生」。

就像雨德一樣，在 39 歲勇敢辭去了 3A 總裁，在專心擔任家庭主夫之餘，投入鐵人三項與視障陪跑，還成為了自釀啤酒的冠軍。他除了把每一天都活得有滋有味，更把每一刻都過的精彩萬分，就像是點燃了源源不絕的內在熱情，活出了獨一無二的耀眼存在。

相信很多人或許已經看、聽過很多遍關於雨德的人物專訪，但在這一本最新的《賽道之外》書中，將可以一次讀到他完整的生命故事，透過這些文字蘊含的經驗與心得，一定可以幫助你創造出更精彩豐富的人生。

出發，一起尋找夢寐以求的美麗風景吧！

 賽道之外

推薦序

真正屬於你的一片天地
在賽道之外

《內在成就》系列作者、TMBA 共同創辦人／**愛瑞克**

我和作者有太多共通點：在相同的年代出生，都遭遇了家庭財務雪崩，都努力在企業界爬到中高階主管，卻也在相近的年紀選擇「退而不休」，離開職場上的高薪工作，用自己的能力去造福這個社會。因此，當我拜讀此書，深有共鳴！

我從書中看到 3 大亮點，包括：看待困境的轉念、不受外在成就所綁架、提早退而不休的 FIRE 計畫。作

者看待困境的轉念能力很強，即便小時候就因父親操作期貨而負債，面對要躲債而多次轉學的困境，他還是能以正面的角度來原諒自己爸爸。他書中提到的轉念方法，值得大家參考！

作者不受外在成就綁架，於是能從既有的行業中跳出來，到完全陌生的領域重新開始，這種能歸零的心態，是多數上班族很難做到的。我常收到讀者來信請教我，面對自己一成不變的工作，鬥志已經被消磨殆盡，該怎麼辦？我建議轉職，但很少人真的有勇氣去做。此書作者多次歸零重來，他是怎麼做到的？他的心態，值得學習。

他在 39 歲毅然決然離開職場，活出他真正想要的人生，他的「FIRE」計畫很值得大家參考。多數上班族容易陷入「存夠了才能退休」迷思，而把自己困在一份不喜歡的工作裡受氣，卻又無力跳出那個環境。事實上，只要妥善運用資金、有效理財，被動收入會逐漸取代工作所得——但關鍵在於要盡早開始理財，否則等中年過後才積極理財，就會辛苦許多。

　　這是一本很真誠的人生經驗分享，同時也是很踏實、不浮誇的提早退休指南，只要參考作者所指引的方法去做，其實人人都可以有機會做到提早好幾年去實現自我。祝福你也可以在賽道之外，找到真正屬於自己的一片天地！

推薦序

盡最大努力
然後順勢而為的人生哲學

台灣鐵人三項公司總經理／**鄭世奇**

認識 Daniel 是在鐵人朋友的聚會中，那時只知道他是鐵人選手，也是很厲害的釀酒師（釀酒師這種好友是一定要好好認識的），後來才知道，原來他的人生充滿了精彩的故事，之後看到他不斷斜槓的人生，更是讓人驚喜。

收到雨德的邀約，要為他的新作《賽道之外：從 3A 總裁到冠軍自釀啤酒師的破框人生》撰寫推薦序，

雖然我答應得很爽快，但心裡也很納悶：我哪裡有資格為他的精彩人生寫推薦序！

讀到他小時候當過老闆，在自家門口擺過批發食品盒時，瞬間引發我的共鳴。我和他同屬1970年代的小孩，我也曾在自家巷口賣過1元抽1支籤的鞭炮和綠豆糕，雖然當時我的目的並不是為了賺錢，只是想著可以賺點小錢，又可以自己玩沒被抽走的鞭炮以及吃零食，一舉兩得的事情，何樂不為呢？

隨著進入鐵人三項這個運動產業，我認識越來越多的選手，也開始聽到越來越多選手的故事，雖然稱為選手，但其實選手都只是一般民眾，並不是什麼專業運動員。

我開始理解，每位成功人士和選手背後都有其成功的道理，幾乎不會有人什麼經歷都沒有就成功了，雨德也是如此。在他的身上，我看到2個很重要的特質，這也是在我自己的人生中，會不斷和孩子與晚輩分享的——「自覺」和「盡最大努力，然後順勢而為」。

雨德談到他專科念造船科，在上了工程圖學課程

後，發現他完全沒有 3D 空間的分析能力，考試還靠作弊拿到班上第二高分，後來他決心插班大學，改念企管或是工業工程與管理學系，這讓我想到當年高二時，要選文組或是理組。

一開始我選擇理組，因為大家都說男生念理工比較有前途，但是上物理、化學課時，我幾乎都在打瞌睡，要靠後面同學幫我按摩肩頸，我才能保持清醒。有一次物理月考，題型分為單選、複選和填充題，選擇題我全部都用猜的，填充題總共 5 題，我只會其中 2 題，結果我竟然考了 85 分！就只有錯 3 題填充題被扣了 15 分，選擇題竟然全對。我驚覺不能再這樣下去了，於是跟老師說我要轉回文組。

我覺得，人生很重要的一件事就是要能清楚了解自己，知道自己的強項與弱項，重點是願意接受它，最後懂得保持彈性、隨時調整。我遇過很多人嘴巴上都說很了解自己，但可能礙於面子或是因為其他因素，不願意接受或改變，或是顧著批評別人，卻不會回頭去檢視自己，其實問題往往都在自己的身上，所謂解鈴還須繫鈴

 賽道之外

人,如果連自己都不知道原來鈴是自己繫的,那如何能找到解鈴之道呢?

我從事的是運動賽事產業,這是一般民眾都可以報名的參與型賽事,與大家買票去看職業運動員的觀賞型賽事有所不同,我們舉辦的賽事必須向公部門申請活動許可,而且幾乎都會使用公用道路和公眾場域,因此我們與在地居民的關係,也往往是影響賽事成功與永續舉辦的關鍵。

有時候遇到的挑戰很難想像,而這些挑戰通常都無法用金錢解決。曾經遇過賽事申請時,公部門要求必須獲得賽道沿途經過的所有村、里長同意,才准許活動辦理,因此我們必須一一拜訪每位村、里長,向他們詳細說明活動的內容和會影響到的範圍,並承諾會盡可能降低對居民的影響,其中難免會遇到不歡迎我們來辦活動的居民。

這個溝通過程中,我深刻體會出一個道理:付出這麼多努力,其實也不能保證一定能獲得公部門的同意,或是得到在地居民的理解,但為了讓活動順利舉辦,我

必須努力嘗試所有的可能性，在還沒有定案之前，絕對不能放棄。而人生有趣的地方，就在於老天不見得會從人願，所以當你遇到無法克服的阻礙時，依舊要保持信心與樂觀的態度，然後順勢而為，有時候反而會產生意想不到的收穫。

雖然後來我們成功地為此活動拿到所有的同意書，並爭取到活動的舉辦，但也嘗盡了苦頭，因此，隔年我們毅然決然將賽事換到另一個城市舉辦，這反而促使我們走出舒適圈，將賽事版圖拓展出去，多年後，我們又再度受邀回到當初的城市舉辦比賽。這些經歷對公司的發展來說，產生了正面的效益。

Daniel 的《賽道之外：從 3A 總裁到冠軍自釀啤酒師的破框人生》充滿了自覺，以及盡最大努力並順勢而為的人生哲學，非常值得細細品味與學習。或許不是每個人都能像雨德在 39 歲就成功退休，並展開充滿驚喜的第二人生，但我想，每個人的人生，都掌握在自己手裡，只要願意用心，每個人都會為自己的人生寫下屬於自己的樂章。

 賽道之外

前言

我們的生命歷程
是留給世界的禮物

在39歲退休、自釀啤酒冠軍、視障陪跑員、「盲人環台為公益而跑」活動發起人、鐵人三項玩家、華德福教育[1]家長、家庭主夫、作家、播客（Podcaster）等，好多的人設標籤在我身上。每次有機會上台或接受訪談時，我都會好奇主持人會怎麼介紹我，因為那真的不容易。

10年前我進行了一場人生實驗，39歲的我退休離

---

1. 華德福教育注重身心靈平衡發展，強調想像力和創意的開放式教育。

開職場當起家庭主夫,為了兩個小孩的教育,我和老婆島內移民,從台北搬到了宜蘭,老婆每日往返台北、宜蘭從事教職工作。

來這世上一遭 我選擇盡情體驗人生

跟其他沒有小孩的 FIRE（Financial Independence, Retire Early,財務獨立、提早退休）族前輩不同,我因為有小孩和爸媽需要陪伴照顧,無法常常去國外旅遊,但我依舊抽出時間努力完成自己的夢想,付出給這個社會。

在我書桌前的牆上貼了這麼一句話:「如果我沒有把自己活得很精彩,我會對自己感到失望。」出生在台灣最輝煌的 1970 年代,歷經產業的轉變和高科技的蓬勃發展,老天在我的生命中加入許多磨練和訓練,讓我比別人更有機會能做不同的選擇。

面對這些磨練和選擇,我心裡想的都是如何突破生命的極限、挑戰別人眼中的不可能,因為唯有我不斷去經歷人生新的體驗,才不負老天給我來到這個世界的機會。

 賽道之外

　　所有的經歷不是為了安逸地度過一生，而是為更大的理想做準備，雖然有時我們得多點耐心等待，或是驀然回首才發現那個挑戰已在我們身後。

　　人生就像是在迷霧中登山，絕大部分的人喜歡依循著已知的步道，跟著一群人結伴前進，但有些人選擇單獨冒險，走向一條沒有人走過的荒野小徑。每當我們感到迷惘困惑時，如果可以發現前人曾經遺留下的登山布條，那份安心和鼓舞都是支持我們繼續這段冒險旅程的最大力量。

退休不是終點 而是另一個起點

　　39歲退休並且創造多個不同的第二人生，這在一般人眼中如夢幻般的不可思議。許多人把「提早退休」當作目標並好奇接下來的人生會是什麼樣子，我很幸運地做到且已經實踐了10年，這讓我有機會接觸到「成功後的下一步是什麼？」透過這本書我想留下一些標記，一些指引，讓後面願意在生命中冒險的英雄們在無助時能看到這條路曾經有人走過，曾經有人成功過。

我無法教你如何成功，因為每一個成功的故事都是那麼獨特，包含著人格特質與時代背景種種複雜的因素，我可以分享的是，在我每一個重要的生命轉折點如何用不同的思考角度來看待，為什麼在別人眼中十分重要的東西，在我卻願意放手一搏。

每一段人生的經歷似乎都是為了下一個階段的挑戰做鋪墊，更重要的是，當那個時刻來臨，有些人選擇臨陣退縮，但我總是選擇縱身一躍，即使要穿越死亡的峽谷，我仍堅信峽谷的另一端會引導我到達另一新視界。

FIRE 並不是光指物質上的財務自由，而是在我們幸運地達到退休後如何再次 FIRE（點燃）自己的下一段人生。

這輩子你做的若是對自己好，那就是「成功」；若你做的是對別人好，那就是「成就」。人生功成名就的下一步是什麼？或許我的經驗也可以成為你的選項之一。

39 歲 FIRE 後至今已經 10 年，我從擔心、緊張，到慢慢適應新的身分和生活步調。喜歡學習、冒險、愛玩的態度帶給我精彩豐富的人生，或許眼前的你正面臨

賽道之外

即將退休的年紀,又或許你是以 FIRE 人生為目標的年輕人,希望透過我的分享能讓你看到人生更多的可能性。

　　FIRE 不一定是人生的選擇,豐富你的生命才是。人生沒有極限,就看你敢做多大的夢;人生不用預期,就看老天給你任務時你敢不敢接。

Note

Chapter 1

從逼不得已的
斜槓人生出發

民國60幾年，我們家原本住在台南6層樓自有的透天厝，旁邊還有個附屬幾十坪的倉庫，坐在台灣為數不多的積架（Jaguar）車上，讀著有校車接送的貴族小學，看的是32吋彩色電視，誰也沒想到，這些會在短短幾年間就崩塌，變成一大家子窩在租來的小套房、必須靠媽媽每月從安平工業區拿回電子零件做家庭代工補貼，日子才過得下去的窘境。

1-1

自雲端翻轉向下的
人生開局

我爸在地下期貨（沒有合法經營許可的期貨商）的誘惑和自己的不善經營下，原本從事的中藥大盤商生意終於倒下。那幾年為了躲債，我們住過台南、台東、台北，期間我換過 3 家幼兒園，讀過 3 間小學。

一般來說，小孩通常對於家庭經濟狀況並不理解，年紀小的我渾然不知當時家裡經濟狀況已經大不如前，就在某次入學的調查表中問到有關經濟狀況時，我很自然地填上了「富裕」這個選項，諷刺的是，那年我爸在沒被告知的情況下就當了學校家長會的家長委員。

賽道之外

　　還記得第一次收到希望家長委員贊助的通知單時，我爸認真地讀完那份通知後，轉身走進房間要拿給學校的贊助款給我時，嘆了一口氣，一臉苦笑地囑咐我說：「記得以後家庭經濟調查表不要再填『富裕』了。」當下我突然意識到自己做了錯事，一臉尷尬地趕快把錢塞進書包。

　　在那之後，如果我收到這種要贊助的通知單都會悄悄地在放學回家的路上把它丟掉，萬一老師問起就謊稱搞丟了，只是沒想到往後幾年間，我們家的經濟會一路從富裕、小康、普通、清寒，一路崩跌下去。狀況最差的時候，我們就只能在台南武聖夜市旁邊租一間容納一家5口的小套房，而這種居住情況一直維持到我就讀五專時期。

　　我依稀還記得一個場景，約莫是國小某次我阿姨跟我媽有事要去見律師，帶上剛在公園玩得髒兮兮的我，原本該換件衣服再出門，但阿姨卻說：「穿這樣就好，搞不好律師看我們可憐會算便宜一點。」這大概就是窮人家落魄時剩下的唯一一點幽默感了吧，不過那時我一

點也笑不出來，反而覺得有點難過。

「自己想辦法」讓我學會直面人生的挑戰

家境比較困難的小孩，對於家裡的經濟狀況似乎都不太需要詢問父母，因為在空氣中就能聞到一股窮酸味。當看到父母私下討論還有什麼錢需要去借，或是我媽又去安平工業區載一大堆電子零件回來加工，就知道這個月大概不好過。

每當我向家裡開口，總會收到「自己想辦法」的回答，這5個字也是我爸媽間接教會我在人生中面對問題時的態度。

「自己想辦法」或許只是當時父母無心的一句話，但久而久之也培養我遇到問題一定先自己想辦法處理，真的沒有辦法才會請求他人的協助。

記得某個算命師曾經說過：「其實我們人的命並不會變好，只是慢慢的就會習慣。」自從家中經濟崩跌，國小時每當我放學寫完功課後，幫我媽在昏暗的燈光下組裝電子零件或剪裁布料就成為我日常生活的一部分。

 賽道之外

或許是早早習慣透過勞力就能獲得金錢的這個模式，我在外打工的經驗開始得比別人早很多，當然依照現在的法律是不行的，而正是因為這段經歷也間接影響我對孩子的教育觀念和開啟我未來所謂的斜槓人生。

我印象中的第一份打工，是國小四年級到家裡附近化妝品工廠的流水線去當裝配員，當時我的工作內容是負責將粉餅的鐵盒底部上膠，然後用鑷子夾放到粉餅盒裡，因為動作精細度很高，需要長時間訓練才能加快速度，所以我花了好長一段時間才能慢慢跟上速度，一整個下午過後我領到人生第一份薪水50元。雖然薪水不高但自此也正式打開我的「童工人生」。

在我國小時期，我也曾在自家門口擺過批發來讓人抽籤的食品盒，就是那種充滿色素的食物，1塊錢可以抽1支籤，也曾到塑膠玩具射出廠當品檢員，或是直接到國小的垃圾場撿鋁罐、鐵罐和養樂多罐做資源回收。

其中讓我印象最深刻的是，每學期都會有一位推著回收車的阿伯來跟我們家收過期的課本，每次我媽都會把賣廢紙的錢給我，時間一久，食髓知味的我當然沒

有辦法經過一整個學期的等待，畢竟還有假面超人的卡片和蠶寶寶的食物需要我去供養，所以就在某次交易之後，我偷偷地尾隨阿伯的回收車，看他都把這些廢紙拿到哪裡賣，果然在幾個轉彎後就看到阿伯將那些物品賣給我們家附近的資源回收場。

從此之後，每個假日的早上我就會招集附近的小孩一起在街上撿廢紙箱、鐵鋁罐、塑膠瓶，再用一部大台車，大家齊心協力運到資源回收場賣掉換錢。由於小孩們突然發現可以增加零用錢的方法，導致越來越多人加入，附近的回收物都被我們撿完了，所以我們開始擴大搜尋範圍，於此同時我也理所當然成為這個事業的領導者，可以多分一份。

然而好景不常，我們並沒有順著這個故事情節不斷擴張成為台灣第一家做資源回收的上市公司，這個偉大事業直到某個小孩回到他們家工廠，被父母發現把新的紙箱拿出來當作廢紙賣才終止。

我賺到的那些錢有好好的存起來嗎？答案當然是沒有。它們都變成一本本的假面超人畫冊和充滿色素的零

 賽道之外

食進到我的肚子裡了，不過那幾個月我們這些小孩們已經體驗到什麼叫合夥做生意、自己創造財富的寶貴人生經驗。

我們跟愛之間只隔著原諒

面對家道中落，有些人可能會開始埋怨自己的父母，抱怨他們的不爭氣，從此擁抱自己這個悲慘的人生故事、抱著遺憾一路走下去，在未來把自己遇到的挫折都歸咎於自己的出身。所幸我由奢入儉的時間並不長，在家裡經濟狀況好時還沒太過社會化，沒有體驗太多階級地位的衝擊。

雖然我也經常幻想有一天睡醒會像短影音裡面演的，爸媽突然叫我過去對我說：「兒子啊！這 10 幾年來辛苦你了，對你的人生考驗已經結束，其實我們家是世界首富，這提款卡裡有 100 億零花錢，你先拿在手上隨便花。」可惜夢裡什麼都有，但現實什麼也沒發生，睡醒後還是要繼續面對問題，想辦法解決它。

或許是小時候看過太多戲劇或教科書裡努力向上的

故事,那些背負著血海深仇,受盡朋友嘲笑或是從底層做起、一天只睡 3 小時咬著牙不斷往上爬,終於在某天成為企業大老闆的勵志故事,使得我從小就把人生這些較差的遭遇當作逼迫自己前進的動力,直到它們成為壓垮我最後的一根稻草。**縱使這些不幸的人生故事可以燃起一時的鬥志,但終究無法長久支持自己往更高的目標前進。**

然而這一切的解方來自於「原諒」。在某次的個人探索課程中,我發現我始終無法原諒我爸在事業上失敗導致家中經濟跌入萬丈深淵的情況,甚至在成長的過程時常與他爭鋒相對處處找他的麻煩,檢查他人生中的錯誤,直到講師在課程中講了一個故事。

監獄中有一位獄警,他唯一的工作就是看管監牢中獨居房的一個犯人。牢房欄杆的兩邊,獄警和囚犯兩個人一整天相望著,我們如果換個視角根本分不清楚誰在監牢的外面,誰又在裡面。獄警時時刻刻焦躁看著手錶等下班,犯人則是**數著饅頭**等出獄的日子到來,監獄囚禁了犯人也囚禁了獄警,誰都無法在生命道路上跨出下

一步。為此獄警終日悶悶不樂彷彿是自己被關在了這座監獄裡，最終獄警選擇偷偷放了犯人並因此被革職，因為他終於明白放過對方其實也是釋放了自己。

聽完故事後，我終於明白為了證明自己比父親優秀、更會經營，我花了多大的精力在跟他比較、譴責他的不是，到頭來兩個人被綁在一起，永遠也無法往人生的下一步前進，更可怕的是，我對於成功的標準僅僅是比我父親的表現好一些，而非設定更偉大、更有挑戰性的目標。

課程結束後，我私下找了老師，在長嘆了一口氣後問老師說：「那我需要原諒我的父親多少次呢？」「七七四十九次。」講師說道。我在心裡盤算著，那我還得再經歷 48 次痛苦的原諒過程，撐一下應該還是可以的，講師接著說：「不過在道家這代表無數次。」我突然感到眼前一片黑，準備徹底絕望了。講師繼續說：「但只要有開始的第一次，你就已經開啟轉變的道路。」

果然信念一轉，改變也隨之啟動。從此之後我爸的過錯在我人生占比漸漸減低消失中，這也讓我有機會開

始對自己的人生負責。

　　每個人都可以找到無數段人生難過的經歷，但請記得那就是人生的一部分。你不需要將它背在身上繼續在人生的道路上前進。

破框人生思維

1. 你身上背負了怎樣悲慘的人生故事？
2. 誰是這個故事裡的壞人？
3. 緊抓著它（這個故事）不放為你帶來什麼好處？
4. 你何時才願意與它和解，前往人生的下一步？
5. 如果放下這一切，你的人生會有怎樣的不同？

1-2
原生家庭之 「地球大學修練小組」

對於原生家庭的組成，我聽過很多種版本，其中一種是從靈性修練出發的角度闡釋，而我對此深信不疑。它談到，每個靈魂在來到這個世上之前就設定好今世要來修練哪些人生的功課，有些人可能設定要學習如何在貧苦的環境中成長；有些人注定在鎂光燈下生活；有些人會在喪失自由的國度中掙扎；有些人會在富裕環境之中創造更高的成就。無論是怎樣的環境設定，都是這個靈魂來到這個世界之前所設定要修的人生學分。

原生家庭的組成就是這些靈魂們約定組成的小組，

靈魂們協議好誰扮演爸爸,誰擔任媽媽,誰又是我們的兄弟姊妹。每個人這一生要學習的人生功課是什麼,彼此又能從對方身上學會什麼,而整個小組共同完成的功課又是什麼?

用不同角度 重新看過去事件

當我開始從這個角度重新看自己的原生家庭時,我發現自己責怪的意識消失了。我不再把焦點放在父母曾經犯過的錯誤,反而是想知道,透過這個連他們自己都不舒服的人生過程,究竟想要教會我什麼?所以在夜深人靜時我開始回想起這一切,並在白紙上寫下幾個問題。

1. 我爸的人生經歷教會我什麼?

我爸生意失敗後,在親友的輾轉介紹下進到嘉義林務局當一名底層的司機,一直到某年阿里山小火車翻覆事件,他由於過度勞累才因公受傷中風,中風後連車都不能開只能送送公文,幾年後才退休離開林務局。

如果要說由奢入儉難,那我爸的感受應該會比我高

上萬倍。從開豪華積架汽車的富家子弟淪落到幫人家開車當司機，從擁有 6 層樓的房產到一家 5 口住在一間租來的套房裡，有誰會知道自己人生的高點居然是在那麼年輕的時候。

多年後，有一次我去上廣播節目，一位女主持人提醒我說：「你爸其實很了不起。」當下我聽得一頭霧水。她接著說：「一個大老闆願意面對自己的失敗，甘心為了家庭去做個司機賺錢養家真的不容易。」過去她看過許多例子，很多人都做不到這點，更多的人選擇逃避責任、自甘墮落，終其一生怨恨命運，覺得世界對不起他，憤憤不平地過了一生。

在那一刻我突然明白，我爸透過他的生命歷程讓我看到：**即使遭遇人生的失敗也絕不逃避，勇敢面對**，收拾完殘局甘心回來負起自己對家庭應有的責任。

2. 我從媽媽的身上學到了什麼？

我媽原本家境也不錯，因為外公生意失敗，經濟窘迫讓身為長女的她失去了就讀台南女中的機會，原本以

為嫁給家境富裕的人家可以改善環境,沒想到跟我爸過沒幾年好日子卻又遭遇人生的另一波低谷。

我在我媽身上學到:**遇到問題必須勇敢去面對,想盡一切辦法,就算感到不好意思也要放下自尊,厚著臉皮去找別人幫忙,畢竟我們身後都還有比臉皮、自尊更重要的人需要我們守護。**

此外,每次我幫我媽完成一批電子零件的家庭代工時她就會給我工錢,相較於現在富裕的社會,小孩們要到16歲才會到外面打工,我很幸運在國小四年級就體會到,靠自己的勞力就能獲取金錢的寶貴經驗。

3. 兩個弟弟分別與我分享兩種不同的人生觀

我在大弟身上看到,即使只是在建材行當名平凡的送貨司機,生活依舊可以過得平平穩穩,心安理得,不需要傲人的事業成就或值得炫耀的生命經驗,也能很自在地用自己的方式去體驗這個世界;小弟則是讓我看到過去值得驕傲的自己,他跟隨著我的腳步,努力工作,大膽冒險,在企業界年紀輕輕就坐上公司高層的位置。

4. 尋找生活中美好的回憶

長期的窮苦生活經驗總是會將那些少少的美好記憶淹沒，老實說我想不起來小時候我爸為我做了什麼暖心的事，在我印象中他總是很晚回到家，見到面的次數也很少。

為此我特別問了我媽，她回想到，當我讀國中時，因為常常去外面打電動，我爸因為擔心我去到複雜的環境學壞，又擔心阻止正值叛逆期的我打電動會有反效果，所以就在手頭不寬裕的情況下買了台電動遊樂器給我，甚至後來還買了台 386 的電腦，為的就是不讓我被外面的環境影響，然而當時正值叛逆期的我根本不了解我爸的用心。

有人可能會說這一切都只是我的想像而已，他們可能根本不是這樣，我完全同意這樣的說法，然而我必須找到一種方式跟他們和解，至少從我的心裡開始，掙脫彼此的枷鎖才能讓我自己的人生往下一步前進，當然我也可以緊抓著這段糾葛不放，報復對方，眼看著彼此生命力量一點點的流失。

然而生命中最大的真相就是：**我永遠無法改變別人，只能改變自己**，至少開始用不同的觀點來看待過去的事件，並透過別人看到我的改變，希望也能影響他們。

悲傷的故事不需要被傳承

或許有人會好奇為什麼我會想去探討自己與原生家庭的關係，除了職業生涯外，影響我最大的其實是自己的家庭關係。在孩子出生後，我突然意識到自己對待孩子的行為模式完全是從父母身上學來的，即使讀了許多教養書、聽取朋友的意見卻依舊很難擺脫類似的模式，然而很刻意地往另一個方向、想擺脫既定模式，反而會導致另一個極端的結果，例如阿公阿嬤小時候管自己很嚴，但卻對孫子很放縱的管教方式。

我其實不曾跟孩子們分享過從小家境不好、辛苦生活的過程，取而代之的是我常分享做了這些打工、做小生意，因此可以買到自己喜歡吃的東西或玩具，甚至講自己為了得到某樣玩具將整個攤子都送給人家的趣事給他們聽。

這個啟發是來自於1997年《美麗人生》這部電影，電影講述義大利一對猶太父子被送進納粹集中營，父親不忍年僅5歲的兒子飽受驚恐，於是利用自己豐富的想像力扯謊說他們正身處一個遊戲當中，必須接受集中營裡種種規矩以換得分數贏取最後大獎，而最終兒子也逃脫被殺害的故事。也正因為這樣的分享，在我孩子心中，賺錢成為有趣而充滿想像力的事。

由於我們為孩子選擇了華德福教育，這是一個比較偏向體制外的教育，所以有著與一般學校不同的課程。華德福教育國小四年級時會有商業數學的課程，課程中老師會解釋商業社會中的各種交易行為，並教導小孩計算材料成本、營收及損益等觀念，實際的應用練習就是三年級各班會在兩天之中各一節課的時間進行商業行為的交易，而我兒子對於我們大人所謂的商業規則卻有獨特且充滿創意的看法。

以下就是兒子商業數學的活動紀錄（遊戲規則：每個人準備自己畫的貨幣300元，以及要賣的東西進行交易）：

【活動第一天】

兒子準備了自己做的 5 個小錢包、11 個果凍和 1 顆棒球去賣。放學後我迫不及待的問起兒子活動狀況。

我：第一天一共花了多少錢？

兒子：35 元。

我心中 OS：（忍耐力這麼強，只花這麼少錢。）

我：那小錢包賣掉幾個？

兒子：我捨不得賣所以不賣了。

我心中 OS：（……有人這樣做生意的嗎？）

我：我看果凍剩下 2 個，所以你賣掉幾個呢？

兒子：賣掉 4 個。

我：這樣不對啊！那其他的呢？

兒子：我自己吃掉了。

我心中 OS：（這樣能賺錢嗎？）

我：那棒球呢？

兒子：我本來想賣 50 元，後來請班上最厲害的投手簽名後就有 2 位同學想買，所以他們 2 人互相出價，最後

我以 100 元賣出去了。

我心中 OS：（這是高手，不但增加了商品的價值還懂得以競標方式抬高價錢。）

我：那最後你剩多少錢呢？

兒子：585 元。

我：這數字不對啊，是不是有算錯呢？我看看你的收支表，等等，捐錢是什麼東西？

兒子：我一開始就在班上喊「捐錢喔，捐錢喔」，請大家捐給我錢，然後就得到了 100 元。

我心中 OS：（我靠……這不就是做生意的最高境界，無本生意嗎？當爸的都想跪了。）

【活動第二天前的晚上】

我：兒子那明天你要賣什麼呢？我們來做無麩質餅乾賣好嗎？還是要再做果凍？

兒子：我看上次做餅乾的人全都賣不好，所以不要賣餅乾。

我：那果凍呢？

兒子：某某某他說他要賣果凍，所以我不想跟別人賣一樣的東西。

我心中OS：（想不到他會觀察市場，也考慮到了市場區隔，真不錯。）

兒子：不過我明天要把錢花光光，還要帶一個大袋子去裝。

我心中OS：（哎呀！聰明……果然知道這只是個遊戲，換回物品才是真的，那些假錢只能成為壁紙。）

最後兒子準備了自己做的4個驚喜袋（其實就是一些自己不想玩的玩具），和一瓶蜂蜜檸檬水要到隔天的活動中賣。

【第二天放學後】

我：今天後來錢有花完嗎？

兒子：全部都花光光了，而且買了一堆東西回來。

我：那你的驚喜袋賣出幾個呢？

兒子：忘記帶去了。

我心中OS：（……）

我：那蜂蜜水呢？

兒子：只賣出1杯，其他我自己喝，也有請同學喝。

我心中OS：（……）

我想了想，問：不對啊！你要顧自己的攤子，怎麼還有時間買這麼多東西呢？

兒子：我請2位女同學喝蜂蜜水，然後她們幫我顧攤賣東西啊！

我心中OS：（天啊！怎麼還知道要請員工，做爸的又想跪了。）

　　我並不想將我過往孩童時的辛苦人生經歷灌輸到孩子的記憶中，只想保留故事中最有趣精彩的部分給他們，一來是辛苦的部分他們體會不到，這種事唯有親身經歷才能化為人生的養分，二來是世代變遷，許多過去成功的商業模式在未來並不可行，就像在「商業數學」中我兒子的思維完全跳脫我過去在書中學到的知識，即使最後我用學到的知識來歸納、標籤化，但思考的路徑

卻可能大不相同。

身為一位父親，我能做的方式就是以身作則給他們看，進而影響他們，在我的影響下或許他們會願意去挑戰更多不同的可能性，至於這趟人生旅程要如何進行還是要交由他們慢慢去探索品嘗個中滋味。

破框人生思維

1. 你的父母家人曾經做過怎樣令你失望的事？透過這些事件或生命歷程他們想要教會你什麼？
2. 回顧自己的父母家人曾經做過哪些讓你覺得暖心的事？
3. 你想留給你的孩子怎樣的童年故事？

1-3

無力選擇時順著流走
方向清楚時全力以赴

我試著想整理自己求學時是依循哪些原則和人生信念才能有後來的人生成就,到頭來卻發現,自己只是在無力選擇時順著流走,在方向清楚時選擇全力以赴。

無法合乎心意時不如順勢而行

選擇一個符合自己興趣又有前途發展的科系是每個人的夢想,民國 80 年代,在台灣,國中畢業後就會面臨人生的第一次生涯選擇。高中、五專、高職依序排下

來通常就是一般人會選擇的順序，當時的我國中模擬考成績大多在全校 100 名內，依照往年的經驗，考取的學校應該會落在台南一中或台南二中，但那年我考場失常，最後只考上第三志願新化高中，不過我的內心卻是很開心的，因為考不好我就可以不用讀高中，再經歷像國中一般痛苦的 3 年，去準備大學聯考。

這其中最主要的原因是在國中時期，我根本沒有時間好好靜下心來理解數學和理化，常常是為了考試囫圇吞棗的學習，基本原理都還搞不清楚就開始學習解題技巧，久而久之最基礎的概念都沒有，只會背考試題型，所以當題目有點小小的變化，我不是搞不清楚就是錯誤滿篇。

當時只要模擬考數學和理化這兩科成績還沒公布，我的排名就會在全校前 30 名，公布後就會被老師打得滿天飛，就算補習班老師是我的科任老師也沒救，所以高中考不好我一點都不在意，與其勉強去讀高中、再度陷入只為應付考試的學習，我把期望完全擺在五專聯考上。當時我是這樣打算的：只要不要讓我再考試，讀五專或高職我都可以，至於什麼科系到時候再說。

果然事情不是像憨人想像的那麼簡單。儘管當時南區五專有著琳瑯滿目的學校可以選擇，從工專、商專、藥專等，甚至還有專門的語言學校例如文藻語專，而科系也有電機科、資訊科、企管科、機械科、藥學科……各行各業可供選擇，雖然我對這些科系也是一知半解，但聽起來都是社會上用得到的職位執掌。

就在我自己琢磨第一志願國立高雄工專應該是沒有希望，不過第二志願私立文藻語專或是私立工專第一志願正修工專電機科應該沒問題時，我爸在填志願前一天突然跟我說，因為我們家境的關係，私立的五專學費是不可能負擔得起，要是考不上國立的學校就去讀高職吧！

來到南區五專報到選填志願的會場，我依舊抱著一絲絲希望，希望分數比我好的人沒來報到，我就能讀到高雄工專了。會場裡各個學校依舊賣力的招生，突然我爸遠遠看到一間國立的學校──高雄海專[2]，正在賣力

---

2. 目前台灣幾乎已經沒有五專這個體系，絕大部分五專都轉型為科技大學。國立高雄海專在歷經多次併校後成為現在的國立高雄科技大學，而我也在 2023 年幸運地當選傑出校友。

演講、廣發宣傳品，在他的好奇心驅使以及系主任號稱「台灣是遊艇王國」、「造船業就是海上建築」的宣傳攻勢之下，我進到了國立高雄海專造船科，一個我這輩子聽都沒聽過的科系。

回頭看整個選填志願的過程當然十分草率，我既沒有做過性向測驗，對於各個科系的未來發展和職業生涯也完全不了解。進入學校後，我也曾想，如果讓我再重選一次，是否決定就會不同，但看看自己家的經濟狀況，似乎這已經是當時的最佳解。

半途改正 好過直接放棄

到了五專，少了考試壓力的緊迫性，我在沒有時間壓力下重新學習理化和數學，突然眼界一開，一切都清晰了起來。五專裡各式各樣的社團和男生宿舍裡的瘋狂生活讓我開心快活了好幾年。

五專三年級時就開始聽學長姊說可以參加插班大學的考試，當時我們造船科插班大學的風氣相當興盛，科辦公室還會每年貼出插大成功的學長姊榜單紅紙。懵懵

懂懂的我雖然有點興趣但卻不積極,直到工程圖學這個科目的出現。

看著圖學老師在黑板上講解著:「這一條線代表著一個平面,這個錐體正投影過來落在這些點上,然後投影的方式又有分成多面正投影法、二軸測投影法等,所以這個零件的投影圖就長成這樣。」在那個沒有繪圖軟體 AutoCAD、電腦還不流行的年代,對於 3D 的物體就是以 2D 的方式來加以投影解說。

這門課要是說我上課睡覺不努力也就算了,可怕的是即使我睜大眼專注了一整堂課,也無法在我腦中形成任何立體畫面。這個能力缺陷一直到我插班入大學後做性向能力測驗時才被發現,原來我在「空間」這項能力上的分數遠遠低於正常人。因此後來即使我工作需要看 3D 圖,我也一定要求供應商在 AutoCAD 上設定成 3D 模式,讓我可以用旋轉的模式來觀看,因為那些工程圖上的三視圖在我腦中根本無法組成任何立體的形狀。

但科目終究要面臨考試的試煉,我第一次面臨到人生的無能為力,因為這個科目不是我多努力或拚命死

背就可以得到分數的。考試當天,老師因為知道這科目無法作弊所以到課堂外抽菸,考試後20分鐘我只能望著空白考卷什麼也畫不了,最後我下定決心跟他拚了,直接站起來看我隔壁桌同學的,就這樣跟著他一筆筆描繪也抄襲了大部分的答案,此時老師終於發現居然有人敢直接站起來抄襲,進到教室來搶走我的考卷,寫上扣10分。

好笑的是那次考試我工程圖學的成績全班第二名,因為剛好偷看到全班第一名同學考卷的緣故。然而我一點也高興不起來,反而加深我一定要考插班大學轉科系的決心,因為一個連圖都看不懂的人別說要造船,就連跟其他工程人員溝通都會成問題。

如果你發現跟我有類似的狀況,作弊只能解決短期問題,我們更要關心的是,這項缺陷會不會影響自己未來的工作生涯。

大學4年讀下來會有上百學分、各式各樣的課,對於每一門課我們不可能都擁有天賦,但也不要討厭每一門課。以我自己為例,在大學時代因為很想要學投資,

所以就跨級選修企管研究所的投資學課程，每次上課就拿第四台老師講的道理去請教研究所老師，整個學期下來當然很有收穫；至於那些沒有天賦的課程也要想辦法要讓它過，畢竟我們還是很需要那張畢業證書作為工作入場券。

插班大學[3]正是我人生第二次選擇的機會，我再也不想讓錢決定我的未來。這次我重新對所有的科系認識了一遍，甚至連學士後醫我也都有想過。評估過後，我自己最鍾情企業管理系，不過礙於插班大二要考微積分、經濟學、國文、英文，後3科必須要拿高分才有機會上榜，所以我退而求其次，以工業工程與管理系作為我的目標，並且在專科期間我就開始翻閱工業工程的相關書籍，確保這是自己想要的。

別讓外在環境限制了人生的精彩

　　科系是我自己想要的，專科幾年打工下來也有了一

---

3. 當時插班大學國立學校錄取率約為 1%，私立大學約為 5%。

些積蓄，就算是私立大學也能邊讀書邊打工將學業完成，這一次我突然感到自己人生終於可以由自己掌握了。

緊接下來的考驗是我必須面對最不擅長的微積分和物理，將其轉化為我的優勢武器才能考上插班大學。這次不一樣了，因為我不再有緊湊的小考壓迫需要快速學習，有大把的時間慢慢研究，執行三年磨一劍的計畫。

因為是自己真心想要達成的目標，所以我專科三年級就開始去高雄火車站附近補習，順便在補習班打工，3年下來，每個科目近5年考古題至少都做過5遍，微積分和物理儼然成為我插班大學考試的強項。在報名插班大學11所學校中考上了8所，除了3所國立大學沒上之外，其餘都有上榜，也考上我心目中的第一志願——中原大學工業工程系。

當時五專時期我曾遇到一位學長來我們班重修，瘦弱的他坐在教室裡的最後一排，上廁所經過他座位發現桌面上擺著一本《民法》，跟他攀談之下才發現他打算插班大學讀財經法律系。我的天啊！從工科跳到商科我就已經沒有勇氣，居然在插班大學錄取率那麼低的狀況

賽道之外

下，還有人從造船科轉考法律相關，別說想考上是一個問題，就算考上了，幾乎不會有任何學分可以抵免，想要順利畢業幾乎是要把別人讀 5 年的書在 3 年內完成，這一切就像是想登上月球一般遙不可及。

事實證明我太小看這位學長的決心，就在我考上大學後的某日，我在學校散步時居然遇到這位學長！原來他早我一年考上中原大學財經法律系，並且在畢業後當年直接考上律師執照，檢察官資格也只差 1 分，與此同時，他也是我讀大學和當兵時的貴人。這是我第一次見證到，一個強大的決心在我面前創造出許多不可能。

破框人生思維

1. 回想一下你的人生，曾經有為任何目標夢想全心全意努力過嗎？那種達到目標後的感覺是什麼？沒有達成目標的過程獲得了什麼？

2. 什麼時候是你第一次感到命運可以完全由自己掌控？為此你做了些什麼決定？

1-4

這位同學
你想打工嗎？

從五專到大學我做過各式各樣的打工，在我的臉上似乎寫著「我缺錢」3個字。最經典的例子就是五專時中午去吃自助餐，因為老闆很忙沒空收拾客人已經吃完的桌子，我為了能早點吃到飯就幫老闆把桌子收拾乾淨，我心裡想：「反正都是順手，就一同把隔壁桌也收乾淨。」老闆忙完手邊工作後特別留我下來問道：「同學你想打工嗎？」就這樣，我每天去自助餐幫忙，不但可以打工1小時賺錢，還可以省下中餐的費用。

另一個例子是當我插班到中原大學新生入學時，需

要到福利社買些住宿的用品,當時的零售業不像現在有POS系統(銷售時點情報系統,主要用於統計商品的銷售、庫存與顧客購買行為)擺放整齊,許多物品的擺放都靠老闆一個人的頭腦記憶。

所以當時我去買東西時吃盡了苦頭,老闆常翻箱倒櫃幫我找東西,等我買齊東西要離開時,另一位同學進來問老闆:「洗臉盆放在什麼地方?」我突然間秒回:「在第3排的架子上面。」同學又問:「那床墊呢?」我回:「最後一排角落的位置。」就在我一陣瞎操作之後,同學順利買完他的東西。此時老闆默默地走過來問我一句:「同學你想打工嗎?」老闆話音剛落,我馬上就把東西搬回宿舍,連室友都還來不及認識,進校第一天下午就先到福利社打工去了。

頻繁的打工經驗 練就未來職場力

許多人對於我可以發展出各種不同的技能感到羨慕,甚至在我39歲離開職場後,依舊可以透過不斷學習發展出自釀啤酒冠軍、視障陪跑員、作家、Podcaster、

三鐵玩家等身分，究竟是怎樣的經歷和訓練讓我可以常常在短時間內就迅速地掌握工作的要領、學習新的技能呢？

答案其實很簡單。如果你跟我一樣在就學期間必須打工賺錢養活自己，補足自己的學費負擔，那你就知道自己並沒有選擇工作的權利，哪裡有工作做，薪水較高者通常就是我選擇的方向。

我曾經做過廚具的組裝、電話訪問員、面對面市場調查人員、電子工廠流水線組裝員、汽車輪框噴漆員、學校工讀生、選舉助選員等，甚至大學暑假期間打兩份工，白天當救生員、晚上當補習班課輔老師，這樣操勞的結果就是去醫院吊了一下午的點滴。

就在這種短期工作不斷的累積訓練下，我開始學到如何在很短的時間內觀察工作內容的細節，例如在工廠生產線上各站組裝電子產品的步驟、手法、所需花費的秒數，更重要的是哪一站是需要花最多的時間，此時我就會盡量不要去選那個工作站，或是自己試著改變組裝流程看能不能快一點。你無法想像生產線上的阿姨們，

她們的嘴巴可是厲害得很，一旦拖慢速度或是將產品堆積在她們那一站，少不了要挨幾句諷刺。

另一項鍛鍊出來的技能則是快速適應工作職場的生態。雖然我只是職場底層的員工，看似和職場生態沒有關係，但有時短期工作反而才是不良企業文化的受害者。

這麼多的打工經驗下來我學會觀察誰是我這個工作領域的發話者，誰擁有分配工作的權利，公司內是否有分派系等職場型態，雖然只是短期的工作，也不會有晉升問題，但與人和睦相處、把工作做好順利領到錢，對我來說才是最重要，畢竟我的錢可是要用來生活，跟想賺點錢來玩樂的大學生可是不一樣。

當時想找暑假工讀機會可不容易，沒有網際網路的時代，必須看報紙小廣告或大熱天騎單車在工業區裡尋找暑假工讀的工作，如果中途貿然離職就會面臨後面假期沒工作可做的窘境，所以就算受點委屈咬咬牙還是得要撐過去。

在我的眾多打工經驗中，最讓我難忘的就是晚上挨家挨戶與陌生人做問卷調查。幾十頁的問卷，幾乎上百

個問題,我拿到問卷時自己都忍不住皺了眉頭,心想這應該會被揍吧!幸好當時的民風還算純樸,那些大哥大姊們看著當時還在讀書的我,都還願意幫我一把,如果把那個場景放到今天,恐怕一整個晚上掃街下來都是白走的了。然而就算我對於陌生拜訪如此害怕,但面對一份可以拿到 150 元的報酬,我心裡想,無論如何也要撐下去。

　　記得打工的第一天晚上,我懷著擔心、害怕、不安的心情跟著介紹我工作的女同學去她家拿問卷,完全沒有經驗的我本想請教她是如何克服這些心理障礙,轉眼間她領著我到學校附近的一條昏暗的小巷,走進一棟破舊的平房後,我沉默了許久,我突然想起來名作家海倫‧凱勒(Helen Adams Keller)曾說過的一段話:「我因為沒有鞋穿而感到難過,街上卻有個人沒有腳,窮苦人家的小孩連害怕的權利都沒有。」

從中小企業老闆身上看到謙卑與柔軟

　　曾經有一個暑假我興起一個大膽的想法,就是一天

賽道之外

打兩份工，早上 9:00 到下午 5:00 在游泳池當救生員，晚上 6:30～9:00 到補習班當課輔老師。雖然辛苦但 2 個月可以賺到 7 萬元，整個學期的學費和生活費都不用愁了。

然而，處在一個同時超過 500 位泳客的室內游泳池裡，小孩泳訓班的吵雜聲、泳客們的吶喊聲以及廣播音樂聲，一整天下來除了身體感到悶熱外，整個人的精神也極度損耗，再加上晚上又趕去補習班上班，一整個月下來身體當然吃不消，一度去醫院吊點滴躺了半天，泳池老闆得知我一天做兩份工作後，也體諒我沒有扣我薪水。

救生員難免會有偷懶的時候，有些人會偷看漫畫、偷聽音樂，而我則是在游泳池畔偷偷編晚上補習班要用的考卷試題和看國小的課本，但紙終究包不住火，有一天還是被老闆發現了，但老闆並沒有罵我，反而在接近下班時找我一起去清掃泳客們盥洗的淋浴間，當時那是救生員們避之唯恐不及的工作，試問誰不想高雅的坐在救生椅上看妹子游泳呢？

游泳池業者因為擔心泳客在淋浴間滑倒，通常都會在淋浴間裡裝上塑膠地板，泳客們常會有零錢掉落到塑膠地板下拿不出來而放棄的狀況，我和老闆清掃時就必須拆掉這些塑膠板，將底下的地板刷乾淨，同時撿起沾滿汙穢物及被泳客毛髮纏住的零錢。

　　那天，就在打掃完成後我正轉身要走，老闆叫住了我。當時的他正在洗手台用水清洗著撿起來的零錢，突然間他拉過我的手掌將零錢一股腦兒放在我的掌心說：「這些都是新台幣，好好收起來，以後這個工作就交給你了。」當時我真的很尷尬，耳朵都紅了，畢竟我是在工作中偷懶被老闆抓到的，怎麼好意思收下這些錢，過一會兒仔細一數，居然有 100 多塊，當時我在游泳池的月薪才 2 萬元，日薪約 700 元。

　　在那之後如果游泳池有清鍋爐積碳、地板磁磚要重鋪的工作，老闆都會特別找我並付給我額外的酬勞，甚至怕我兼兩份工作太累，主動把我調到早班去工作（早上 5:30 上班，下午 2:00 下班，去補習班上班前還能睡一下）。

暑假要結束之前他把我叫到辦公室，問我願不願意開學後幫他管理一家游泳池，除了豐厚的薪水外還會提供一個房間免費給我住[4]，雖然這樣的條件很誘人我也很感謝他，不過我還是拒絕了，因為我從沒忘記我千辛萬苦來讀大學可不只為了打工賺錢而已。

　　可能從小就在台灣中小企業打工，覺得老闆就是整個工作環境的一員，沒有什麼距離感，也沒有明顯的尊卑階級之分，只是剛好我們每個人負責的工作不一樣而已，所以當我當上公司總經理後，無論在大陸或台灣，都沒有專屬的辦公室，有時還會在快下班時坐在生產線上幫忙包裝，跟著同事們一起閒話家常。

　　或許是和同事們有種像家人般的親切感，也或許是受到當初泳池老闆的感染，在財務的支援上我都盡可能給予同事支持和方便，特別是在遭遇 2005 年下半年起的卡債風暴時，因為國內銀行信用卡和現金卡（雙卡）發卡過多，有些同事在金融知識不足的狀況下信用過度

---

4. 當時這位老闆在中壢有 3 家游泳池，且裡面都有套房出租。

擴張,累積金額最後大到無法負擔,甚至過著用卡養卡的借貸生活,形成個人卡債造成銀行呆帳的金融事件,當時我都會先動用公司資金幫他們把卡債還清以免落入高利息債務的陷阱,之後再用無息的方式每月從薪資扣款,以他們可以接受的金額慢慢還清,回到正常的生活軌道。

不貪圖眼前甜蜜機會 往更高目標前進

從小我就有賺錢的欲望,所以喜歡閱讀許多企業家的故事,像是日本經營之神松下幸之助、知名企業家稻盛和夫等,因此也養成剪報的習慣。每當我在《工商時報》或《經濟日報》上發現管理理念或經營企業的好文章,就會剪報收藏起來。

這個習慣從我五專一直延續到大學,範圍也從報紙擴展到管理雜誌,如《商業周刊》、《遠見》、《天下雜誌》等,學校的圖書館是我每天必去的點,不知道的人還會以為我是圖書館的工讀生,因為我幾乎都知道哪一類的書放在哪一個角落,在那個沒有手機和網際網路

的年代,書就是最佳的知識來源。

受到《經濟日報》和《工商時報》的影響,我大學 3 年的生活可以說是跟著台灣的電子產業一起成長,那幾年我見識到民營銀行的開放,電子代工廠和零件廠紛紛上市上櫃,員工們也因為股票發放成為電子新貴,一堆名不見經傳的中小企業也拚了命要成為上櫃公司的一員,股票似乎成為跨越社會階層的最快路徑。

大四那年我獲得一次很特別的海外實習經驗,一家經營機殼的上櫃公司英誌企業[5]邀請大學生到他們的大陸深圳廠進行近 2 個月的工廠實習,在經過層層的激烈面試和篩選之下,我因為有豐富的工廠打工經驗和對電子產業豐富的知識,與另一位同學獲得這個難得的機會,由於當時還沒當過兵的役男不能出國,所以這次出境還是由學校作為保證人才得以順利出行。

由於實習時期的師父本身就是中原工業工程系畢業的學長,為了維護學校的校譽當然得逼我做出成績來。

---

5. 現已變更為翔耀實業股份有限公司。

原本在別人眼中輕鬆的工廠實習卻變成我重新複習工作流程改善、工廠布置、人因工程的專案實習，學長除了不時會來審視工作進度外，各種會議我也被要求旁聽，晚上還要到學長房間報到檢討流程改善。

　　果然在學長的指導與背書之下所提的方案一一被實際運用在生產線，同時也大大提高工廠的生產效率。相較於其他同學薄薄幾十頁的工廠實習報告，我則交出一本厚厚充滿數據又有執行成效的成果，果然期末工廠實習這個科目我得到了重回小學時期才有可能會出現的分數──99分。

　　期末報告完後，該科目的老師特別邀請我去他宿舍坐坐，一陣客套寒暄之後，老師問我：「雨德，你想直升我們學校研究所嗎？如果你有意願的話我可以當你的推薦人。」對於大多數同學來說，這簡直是天下掉下來餡餅，有這種資歷的教授做推薦人簡直是已經拿到進入研究所的門票，但我思考了約10秒後回答：「老師謝謝，不過不好意思我目前還想不到讀研究所的理由。」

　　在我人生中曾經出現許多次所謂「即時的甜蜜」機

會，不過絕大部分我都選擇放棄，其中最大的考量點大多是因為如果站在更高、更長遠的視野來看，那可能只是前往更高目標途中的一塊小蛋糕而已，所以即使能在短期獲得名聲或利益，也不能耽誤我往更高的目標前進。

以這個例子來說，第一，我原本就不是研究學問的料，我更喜歡的是廣泛的學習；第二，我發現只有早日投入職場、擁有工作經歷，才有機會靠著成為電子新貴賺到股票分紅的利益。但如果你仔細問我更高的目標是什麼？老實說我也無法用言語形容，只知道它在更遙遠的地方等待著我。

如果把鏡頭轉到我剛入職的那幾年，分析「讀完 2 年研究所」和「擁有 2 年產業界經驗」的社會新鮮人，哪一個具有優勢？我這有個實際的例子——同班同學研究所畢業後和我一樣進到廣達電腦，當時我已經在新部門擁有 2 年資歷和戰功，也即將迎來第一次的升遷，而同學只是職場上的新鮮人。

從這個時間點來看，當初我好像做了一個聰明的決定而贏得這場賽事，但到頭來卻陷入一個與他人比較的

陷阱裡，因為別人的人生成就跟我一點都沒關係，對我而言，更重要的是該如何過自己的人生，記得我曾在書中讀過一句話：**打敗別人並無法讓自己成長，只有突破自己才會。**

破框人生思維

1. 你曾在學生時期打工過嗎？當時除了賺到錢之外還學到什麼？
2. 你會為我婉拒游泳池老闆提供的工作機會感到可惜嗎？
3. 如果你是當時的我，會選擇去讀研究所嗎？
4. 積極去爭取海外實習的機會是個好決定嗎？

Chapter

2

他們付你多少薪水
讓你放棄那些夢想

在電影《型男飛行日誌》裡，喬治‧克隆尼（George Clooney）的職業是接受企業的委託，飛到全美各地親自通知員工被裁員。

　　其中有個片段是描述他告知員工被解雇時彼此間的互動，這個片段突顯出他與另一位女菜鳥畢業生之間說話技巧的不同，喬治‧克隆尼事先調查對方生活經歷再以高超技巧化解了尷尬，說服並安撫了即將失業的人。然而在片段 2 分 38 秒時出現一句話：「他們當初給你多少薪水，讓你放棄了夢想？」這句話突然讓坐在螢幕前的我震驚呆滯了許久，也讓片中的喬治‧克隆尼意識到關於自己人生最重要的部分是什麼。

2-1

電子新貴
原來是一場誤會

　　台灣 90 年代是電子業蓬勃發展的時期,社會新鮮人們無不以進入電子產業為最高目標,當時比較當紅的是筆記型電腦、手機產業如宏碁、華碩;電子代工服務(EMS)廠、零件商如廣達、鴻海等。《經濟日報》、《工商時報》每天不斷報導某某公司每人分得股票幾百萬元的消息,那是股票還沒有費用化的年代。

　　電子新貴們每天沒日沒夜的加班就可以換來豐厚的股票報酬,我還記得當時的華碩電腦起薪是電子業出名的低,但因為股票配得多,一堆人擠破頭想要進去。

賽道之外

當時每個人都視電子業為階級翻轉的跳板,在當兵等待退伍的我也不落人後,只要股價超過 100 元的公司我都會投履歷,而我很幸運地在學長的引薦下進入了人人稱羨、當時全球最大筆記型電腦製造廠——廣達電腦手機事業部。

日夜加班卻沒有換來如預期的報酬

夜幕低垂,晚上 8:30 我耗盡一天所有心力,拖著疲憊的身體下班,騎著五專時期買的破摩托車到路邊攤買些啤酒、鹽酥雞回家,洗完澡後跟合租在一起的同事聊些公司的八卦,最後隨著無聊的電視聲在晚上 11:30 進入夢鄉,隔天早上 7:40 前再度拖著疲憊的身體,精神萎靡的出現在公司門口,準備迎接高張力軍事化管理工作的一天。

算一算從下班到睡覺前,屬於我自己意識清醒的人生其實只有 3 小時,更別談下班後去進修或是學些其他東西,光是有時間讓你癱在沙發上漫無目的地按著電視遙控器脫離一下工作氛圍,都該感到榮幸,甚至有時產

線因為機器故障，半夜一通電話打來我就要進公司。

好不容易，公司發放股票的日子終於快到了，電話那頭傳來我媽的恭喜聲，她說：「兒子啊！我看報紙上寫你們公司每人平均可以分到 13 張股票喔，恭喜你！」我心想：「太棒了！辛苦終於有了代價，這下我真的是電子新貴了。」

坐在筆記型電腦前的我查了上個月自己的出勤紀錄，加班時數高達 155 小時，如果換成天數來算，我整整多上了將近 20 天班，幾乎算是日夜班都做了，公司規定加班 40 小時內會支付現金，其餘部分則會用股票發放。我走到鄰近學長的辦公室隔間問他：「學長，請問加班時數用股票方式發放是以股價多少錢來計算啊？如果股價一直跌，那我時薪是不是比在加油站上班還低？」學長抬起頭來回答：「我也不知道。」

過了幾個星期收到股票發放通知條，我滿心歡喜迫不及待地打開後一臉疑惑的走到學長座位問道：「學長，報紙上寫我們公司平均每個人可以分到 13 張股票，為什麼我的股票只有 4 張呢？」學長回答我：「總經理領

2,000 張跟你平均一下不是差不多嗎？」大約有 5 秒鐘我腦中出現電腦螢幕不斷轉圈卡頓的符號，回過神來才發現，原來我誤會了，報紙上寫的「電子新貴」根本不是指我們這些基層的工程師們。

還完家中負債 自己還有什麼目標？

　　隨著工作經驗慢慢地累積，我突然意識到這輩子如果我只是一名員工，那永遠就只有等著上層的主管們把利益層層分配下來，更糟糕的是，我的工作範疇屬於工廠管理，並不是公司的核心，眼看同期進來待在研發部、業務部的朋友一個個升遷，也逐漸懷疑起自己是否該繼續待在這裡。

　　雖然公司每年發的股票沒有讓我大富大貴，但至少讓我媽在親戚面前已經可以抬得起頭來。領著比一般人多的薪水和不錯的公司名聲，就算工作時數長一些、壓力大一點，在外人們的眼中實在沒什麼好抱怨的。

　　更何況我們公司當時可是全世界最大的筆記型電腦製造商，正在大陸大舉擴廠，身處在新事業部的我，升

遷管道可以說是相當暢通，如果有幸可以升職為專員，依照當時的景氣狀況就可以領到 2 倍股票，只是在部門裡從年初被罵到年尾的我壓根不敢想這件事。

工作幾年下來我存到了一些錢，不但把家裡的負債還完，還買了一台中古汽車送回台南老家，汽車這東西自從我小學畢業後就再也沒在家裡見過了。

就在我完成這兩件人生的大事之後，家裡長達十幾年的負債狀況終於宣告結束，當時的我人生徹底失去了方向，似乎再也沒有什麼目標值得我去奮鬥，那種感覺就像是一個剛跑過終點線的馬拉松跑者，心理覺得很開心但同時也感到失落，因為這個世界好像不再需要我了，與此同時，我也突然意識到自己從來就沒想過，究竟自己的人生想要做點什麼？

離職是為了追求更高目標 還是為了逃避

我在第一份工作時遇到一位很嚴厲的主管，可能因為他是軍人出身所以管理的風格十分鐵血，別的部門是嘻嘻哈哈地在會議室裡開會，我們部門是大家圍在他座

位旁站著開會。

　　走廊通道裡如果你聽到有人大聲地拿著手機跟對方對罵，那很有可能就是我的主管。曾經有一位新同事剛來工作2週，因為某個數據搞錯當場被他痛罵並且砸破辦公桌上的玻璃，可想而知新同事當然是隔週就直接離職了。

　　我自己也經常在週五放假坐遊覽車回台南的深夜，因為**數據**錯誤被主管在寂靜的夜車上用電話痛罵一頓，當時整個工作狀況都是在極高的壓力下進行，雖然有錯就應該被罵，但主管的態度總是會讓人很不舒服，即便腦中也曾有過瀟灑提離職的念頭，但家裡的經濟卻不允許我做這樣衝動的決定。

　　與此同時，我有一位同學每幾年都會換一份工作，我聽到他對於工作的抱怨不外乎是老闆很爛、同事不好相處、公司沒有前景等千篇一律的問題。對於他的情況我心裡想：「換過那麼多家公司，同樣的問題一直出現，唯一不變的就是你，會不會其實問題出在自己身上。」思考到這裡的同時也讓我醒覺到，**其實問題的癥結就在**

自己身上，而解決問題的首要步驟就是要面對問題。

當時家裡經濟漸漸好轉後，我已經不再有非要在這裡工作的壓力，手中也有可以轉換工作的籌碼。當時我心裡有一種想法，如果我要離開這個工作絕對不能是因為主管的態度，那代表我未來在職場上遇到相同的人時也會繼續逃避，如果要離開一定是我已經有了更高的目標要去追求。

或許是觀念的改變讓我更勇於面對主管，對於工作的內容和態度也更加積極嚴謹。最大的改變是即使犯錯也心甘情願的承受責罰並向主管請教，不知不覺中抗壓能力逐漸增加，後來的工作表現也贏得主管的讚賞。

現在回想起來，我很感謝在那位主管底下工作的日子，也明白內心有多大的抗壓額度不是靠學歷或自信可以買來的，它是在無數的委屈和挫敗中一點一滴被撐大。

如同已故英國首相邱吉爾（Winston Churchill）曾說：「堅持下去並不是因為我們夠堅強，而是我們別無選擇。」我沒有路，但我知道前進的方向。

賽道之外

破框人生思維

1. 為了獲得更多的薪水,你曾經放棄過什麼夢想?
2. 你是否曾想過當你沒有經濟壓力時,心中最渴望做的事情是什麼?

2-2

升職
反倒加速了離職

以前為了賺錢，遇到不合理的狀況我都可以忍，只要挺得過去，月底帳單能付得出來就好，所以始終符合社會的期待，認為跟著大家的腳步一起走就是最安全的方式，更何況我還是報章雜誌追捧的電子新貴。但幾年下來，我感覺有哪裡越來越不對，漫長的工作時間、隨時 on call 的急迫、面對產線和業務的壓力，**我辛苦賺來的錢到底在人生中為我創造了什麼？**

某次農曆年前公司發布了年度考績表，我打開一看考績居然是優等。當下第一反應是這一定寫錯了，像我

這種被主管從年頭罵到年尾，會議中又被部門主管砸桌子的人，這種考績出現在我身上真的不應該啊！果然不久後就接到會計部門發出的郵件通知，內容寫到今年有些考績部分內容錯誤，必須以匯款收到的年終獎金為準。

我頓時鬆了一口氣，如釋重負，理所當然的把這件事拋諸腦後，心想反正就是差一兩個月的薪水我也不會因此變有錢。等到假期結束跟同事聊起這件事，再去銀行補摺才發現考績真的是優等，難道這是公司給我的心靈補償醫藥費？

升職後會比較好？看看現在主管的樣貌！

一段日子過後的某個夜晚，主管邀請我到辦公區旁的會議室聊一聊，關上門後他先東拉西扯的問我對於工作的想法，然後說公司未來在大陸會如何發展，最後談到生產線將會移到大陸上海，所以他想將我升為專員未來常駐上海，叫我先想一下，並囑咐我最近常在副總面前走動，免得升職的簽呈送上去，副總連這個人是誰都不曉得。

當時我的職務是生產管理,理論上跟著生產線跑也是天經地義,只是有人提醒我,想知道未來幾年自己的生活樣貌,透過看目前的主管生活就能知道。回頭看看坐在辦公室隔間最後一格的主管,我在心裡盤算著:我晚上8點半下班,他9點多下班;我管2條生產線,他管4條生產線;他每天開著汽車花1小時上班,我騎一台破摩托車,公司離租屋處不到10分鐘;他的股票是我的好幾倍,我的頭髮是他的好幾倍。

除了進帳戶的錢有明顯的不同外,我完全感受不到主管的人生有任何比我好過的地方,更何況扣掉那些亂七八糟的時間,真正屬於我的人生只有3小時,一旦升職專員外派大陸,一想到那種以廠為家的生活(這讓我想起當時去大陸工廠實習的生活)恐怕會吞噬我整個人生,一股寒意油然而生,難道我就注定要當24小時的電子新貴?

此外從工作的角度來思考,如果我的職位升等了,整個工作內容會因此更加順利嗎?當時手機產品生命週期很短,常常每半年就要推出新款,而台灣塑膠射出供

應商對於這種小型的機構件技術上掌握度並不夠,再加上機殼本身要噴漆,整個難度更是大大提升。機構模具往往還沒調整到最佳狀況就急著趕鴨子上架生產,所以材料品質狀況極差,偏偏產品壽命又很短,出廠不到1年就已經開始在計算呆滯料。

此外,因為產品壽命短、市場銷售競爭激烈,所以客戶也經常更改出貨日和規格,而工廠也常因此被搞得人仰馬翻,雖然帳上出貨量屢創新高,但背後的辛酸和工作量外人實在難以想像。綜合來看,升職後的我生活品質並不會有明顯變化,工作內容等級上也沒有明顯提升,美其名變成一個小主管,但對於這次升職我很懷疑對於我的人生意義在哪?

掙脫被股票綁架的人生

時間一天天過去,對於主管給予的升職機會以及外派的邀請我總要給個答覆。當時電子業會在5、6月開完股東會,7、8月領到去年努力的成果,也就是股票,等於如果你在7、8月離職,就會損失今年上半年份的

股票獲利,所以每年7、8月和農曆年後都是電子業的離職潮,有些公司的股票發放規定更是嚴厲,把股票發放一年分成許多次,為的就是想藉此把員工給綁住。

某個夜裡我在心裡盤算著:現在我是個基層工程師,只領4張股票,如果現在離職就會損失半年績效也就是2張股票,未來升職為專員會領到8張股票,甚至以後會領到16張,**如果現在只是2張股票我就捨不得離職**,那麼未來領更多股票我豈不是要一輩子都要待在這裡了。所以如果我有想離開的念頭,現在離職才是損失最少的時候,畢竟這些股票相對於我的人生自由真的微不足道,而我也受夠了每天兩點一線的生活了。

只是我人生的下一步會是什麼呢?當時的我發誓如果有人可以告訴我未來的路該怎麼走,我願意付給他10萬元。所以我問了學長、請教長輩、跟不同產業的朋友交流,卻怎麼也找不到心中的那個答案,直到我去上了一些個人探索的課程才驚覺自己已經成為一個只會工作的機器人,為了達成工作目標不知不覺變得冷酷無情,無論在工作或生活都呈現工作的模式,不只當時的女朋

友不喜歡我，我也變得完全不認識自己。

　　就在上完課過後不久的幾天，我鼓起勇氣正式向主管提出辭職，當時的我就像是奧修禪卡[6]裡那張代表「信任」的卡：一個高空彈跳者，腳上沒有綁任何繩索但依舊充滿信心的選擇往下跳。那一刻我面對未知的恐懼卻堅信會有好事發生，而主管大概這輩子都不會料到我是因為被升職而選擇了離開。電子業的榮景也在幾年後因為員工分紅費用化，員工無法快速累積財富而紛紛減少加班時數。

破框人生思維

1. 你賺到的錢為你的人生創造了什麼？
2. 你想擁有跟你目前主管一樣的工作型態嗎？
3. 你心中的成功人士擁有哪些物質上的特徵或形象？

---

6. 跟隨塔羅的架構及禪的思想所形成的一種牌卡系統。

2-3

盤點
人生「不要」什麼？

以前我沒得選，因為要生活、要還債，所以我必須妥協，但現在我有得選了，**雖然還不知道我要什麼，但起碼我必須搞清楚我不要什麼。**

許多成功學總是教我們要如何達到想要的目標，卻忽略了當我追求這個目標的過程中是否委屈了自己、違背了自己所堅持的信念，即使最終完成任務卻成為一個自己都不喜歡的人。不過這不意味著要開自己後門方便退縮，反而更是要帶著自己的人生價值觀往未來前進。

所以我訂下了 3 項不讓自己被綑綁的原則：

1. 不要被金錢或物質綁架

或許是長年為金錢所苦，當時的我不希望人生再度被任何物質或金錢綁架，所以一直保持著對於物質的低欲望，對於重大消費都以務實的角度出發，不會因為自己的收入增加就開始要有相對的消費。

舉例來說，直到目前為止我只買過 2 台中古汽車，一台是在廣達電腦工作期間買來送回台南讓父母開，另一台則是老婆的新手練習車，而我自己開的車都是公司配發的公務車，一來是我本身對車不感興趣，覺得它就是代步工具，二來很明顯車子就是不會帶來收益的消費品。

過去老一輩的人擁有上億資產才會買幾百萬的車，而且還是因為可以幫公司節稅，但現在中產階級開豪車的比比皆是，甚至還有年輕人妄想靠著這些奢侈品來塑造自己的成功、提升自己的地位，希望因此獲得商業機會，然而在我的商業經營經驗中發現，**一個人的經營格局和見識往往才是贏得對方尊重的關鍵**，而不是今天我開了什麼車。

因此，即使我的年收入隨著事業成功快速增加，但我的消費水準並沒有因此提高多少，「由奢入儉難」雖然是一句老話，但卻可以時時提醒我自己的出身和過去，特別是在擔任總經理的職位期間權力地位達到巔峰，很容易在物質與金錢的誘惑下做出錯事，但因為我對於物欲的克制，使得在經營企業的角度上更能保持超然態度，無欲則剛，從公司利益最大化的角度來規劃處理事情。

2. 不要活在別人的人生規劃裡

誰在哪家台灣之光公司工作、誰在幾歲就升到公司什麼職位、幾歲就買了新房新車、幾歲已經結婚生子、誰的年薪已經破百萬⋯⋯彷彿全世界的生命都朝著同一個方向流動，往同一個產業發展，沒搭上這波浪潮，沒成為他們其中的一員就無法功成名就。這些無形中的規劃與標準，無時無刻不在我們的生活中出現。

抖音有段影片，內容是街頭採訪中有位主持人問路人：「廣州超過30歲平均每人每月收入1萬人民幣，

請問你收入多少？」路人回答：「4,000人民幣。」主持人說：「那你不會感到不好意思嗎？」路人反問主持人：「你今年幾歲？」主持人答：「40歲。」路人嗆說：「廣州40歲也有人已經死了，你怎麼不也去死一死。」

　　雖然這段訪談十分嗆辣，但也反映出每個人的生命歷程都是獨特的，**盲目地跟著別人的規劃走，不但無法享受到成功的果實，反而限縮了自己的人生選擇**。買車代表每個月要付貸款、負擔停車位費用；買房除了房貸壓力還無法移動工作地點、更換自己的工作，每月的貸款壓力都將成為未來人生冒險創新的最大牽絆。

　　經過了電子產業的洗禮後，當下的我明白，身為一家公司的生物管人員永遠無法像研發人員一樣成為公司的核心，在公司高速發展中分享到豐碩的果實。所以為了未來可能因跨入不熟悉的產業而必須先承受較低的薪資待遇，我必須減少日常開支以保留更大的選擇空間。

3. 不要被別人眼中的成功綁架

　　當我在電子業工作時，我媽不時跟親戚朋友炫耀我

的工作,各種聚會裡在傳統產業工作的朋友也會對我投以羨慕的眼光,殊不知當時平均每年領幾百萬的股票消息都是跟公司高層領取數量平均後的結果,實際拿到的金額遠遠低於報導。

我一位在高科技業工作多年的朋友,自己獨自在竹科租個小套房,與老婆孩子分隔兩地,每天騎著大學就在騎的破摩托車,過著工作超過 12 小時的生活,遇到新案子開發還常搞到晚上 11、12 點才回到家,假日又要陪著小孩活動。

年輕時我們常聊天聊到存多少錢就要早點退休,雖然他早已達到目標,但家裡人覺得既然他在那麼好的公司工作就必須有相對應的身分消費,所以家裡買好車、子女補習讀私校、每年出國玩不手軟。我問他工時那麼長身體健不健康先不說,已經比別人幸運提早賺到許多財富,為什麼依舊選擇聚少離多的工作,難道不能選擇賺少一點,找個家附近每天都能見到老婆小孩的工作嗎?他說他自己也想,只是孩子的媽期待小孩們未來可以出國讀大學,那筆費用可是很可觀的。

賽道之外

我反問一句：「我們都出社會這麼多年了，難道讀好學校、有好職業就一定能賺大錢、事業成功嗎？」他只是長嘆了一口氣說：「唉，家家有本難念的經。」

破框人生思維

1. 你有屬於自己的人生成就時間規劃表嗎？它們通常都能在時間點前達到嗎？
2. 你有因為收入的增加而提高自己支出的經驗嗎？那些支出是必要的嗎？

2-4

先蹲後跳的
職場冒險

因為學長推薦的緣故，2023年很榮幸獲選高雄科技大學（原高雄海專）傑出校友，在回母校領獎時剛好與同桌的學長聊到一些年輕人的工作觀點。

他提到近幾年因為政府引進風力發電，其中有規定國外廠商必須將一定百分比的零件向台灣廠商購買，如果願意當本土企業的窗口與外商接洽，對於年輕工作者來說不但可以向國外企業取經，同時也可以在公司占有一席之地。

這位學長嘆了一口氣說：「可惜企業裡的年輕人目

光短淺，英文能力不佳無法與外國人溝通也就算了，凡事都是先要求福利條件再談工作績效。不敢往難度較高的工作去挑戰，反而寧願去做海上計程車[7]的工作，只因為短期薪資可以高達 2 倍。

這個情況讓我回想起離開廣達電腦後，我在人生做了一次最大的賭注。

這次我不想再當電子新貴

廣達電腦離職後，我去了澳洲墨爾本遊學 2 個月，回來後英文能力增進了不少。原本廣達內部就是用英文寫 mail 溝通，加上口語能力的進步，我感覺在職場的技能應該更有優勢了，特別是我已經有了 3 年半的電子業工作經驗。

此時人生再度來到抉擇的路口，許多在電子業界的同學和過去同事開始向我招手，有的是前公司整個團隊

---

7. 海上計程車：由於台灣風力發電的風場多半建於台灣海峽，需要運送建造維修人員往返本島與風場之間，所以有些企業便買幾艘船做起這個生意。

被挖腳成立新的手機組裝公司,有的在鴻海,有的在台積電,也有我過去的供應商想找我去當業務,其中最讓我心動的就是前公司團隊組成的手機組裝公司,也是我的老本行。

當時正是手機飛黃騰達的年代,Nokia 和 Motorola 為世界兩大手機霸主(現在都不知道跑到哪裡去了),股市行情表上最火熱的就是手機概念股,不管是品牌廠商、組裝代工還是機殼、鍵盤、各種零組件都是交易的熱門概念股。找我去的這家公司背後兩大股東背景強大,一家是台灣有名的 IC 設計公司,現在也是台灣護國神山之一,另一家則是當時國內排名前十的電子組裝廠。

某次來到這家公司與跳槽過來的前同事聊天,他這樣跟我說:「雖然目前公司還沒有賺錢無法像廣達一樣發股票,但我們可以用很低的價錢進行員工認股,以目前手機概念股動輒百元起跳的股價,你的職位來這裡,等到公司股票上市時輕輕鬆鬆就能賺進幾百萬,搞不好早早就能退休了。」

我在心裡興奮地盤算著，這有可能就是廣達電腦未上市前的模樣，如果真的有員工認股，靠著上市那一波，我就能成為真正的電子新貴了，「只是因為我們是新成立的公司，各項福利都沒有之前的好。」前同事接著跟我說明。「不管是在加班費、三節、年終獎金都比不上過去，這點你要先有心理準備。」

對於想在一家剛成立的公司工作，福利少這點體認我還是有的，只是在我心中糾結的不只是金錢這塊而是我未來的人生。進去這家公司意味著我必須因為責任制無窮無盡的加班，特別身為小主管，底下兵沒幾個更需一肩扛起、身兼數職，由於我在前公司的部門就是一個新成立的事業體，所以對整個體系初期幾年混亂的過程我有著深刻的印象。

大致跟他了解完這家公司的情況後他送我到樓梯口，原本我已經準備離開，突然想起來還有問題沒問，一回頭就看到他在昏暗的樓梯間背靠著牆，抽完最後一口菸徐徐地呼出，轉身又進去加班的樣子，我心裡想著：「不好意思，我真的沒辦法再回去過那樣的生活。」

可能有人會想問後來那家手機組裝公司發展如何？具不可靠消息指出，因為股東間合作不愉快所以拆夥結束營業，當然我前同事手上所謂的股票也沒有上市櫃，統統變成廢紙。誰說強強聯手就一定有好結果，人生真的很難預料。

被逼出來的跨領域技能

某次訪談中我被問到，從造船、工業工程、自釀啤酒，在我的職涯過程中經歷了多重領域的挑戰和跨領域的學習，關於這個部分，對於學生或社會新鮮人有什麼建議或分享。談到這件事，不禁讓我回想起當時在廣達電腦主管對我的訓練。

當時我的工作是物料管理，負責計算生產線未來幾日的缺料或是掌握交期有問題的材料狀況。身為新鮮人的我經驗不足，對於某些緊急材料的情況和消息都只能來自於採購人員，關心的部分也僅限於材料何時能交進來。某次主管很嚴厲的跟我說，如果我的程度只能做到這樣，那以後還不如他自己打電話去問採購就好。

賽道之外

　　所以從那時候開始,我被逼著去了解與自己工作相關至少跨兩個部門的工作內容,包含上游、下游以及平行單位。當時我的工作是物料管理,往上是生產管理,再往上是業務部門,所以我必須了解他們的工作內容,還有他們在想什麼;往下是採購部門、供應商;平行單位是品管課／倉儲課。

　　因為這樣,我開始主動參加許多跨部門的活動和會議,跟研發人員及採購到廠商的工廠駐點討論品質問題和交期,跟著生管一起與業務開投產及出貨會議,經常到品管部門了解材料不良被退貨的標準和處理方式。

　　轉變初期很辛苦、有許多抱怨,覺得這不是自己的工作,參加一些無關的會議回來還要把自己的工作完成,根本是增加工作的負擔。不過漸漸地在過程中我開始學到一些其他部門的專業知識和術語,了解到其他部門的工作流程和他們做事的邏輯與堅持。這對之後我處理事情的態度和視角有極大的幫助,同時過程中也贏得許多友誼,另外由於經常跟著採購和研發人員去外面的中小企業駐廠,也因此開啟了我人生的下一篇章。

破框人生思維

1. 當你主管派發不屬於你工作職掌的任務時,心情是如何?
2. 透過我的分享,你是否願意嘗試從另一個角度,重新看待「多負擔其他任務」這件事?

2-5

遇見台灣中小企業
隱形冠軍

當我在廣達工作時,主管常常要求我要到供應商那邊,藉以了解製程、掌握交貨的進度。

當時這些機構件廠都還只是中小企業,人手相當不足,有一次我跟採購一起去拜訪一家供應商,因為久等對方協理遲遲沒有出現,只好去生產線現場找,後來才發現由於當天臨時有人請假缺人手,所以協理自己也下去幫忙做生產的工作。跟協理詳談後我才發現,原來對方只有高工學歷,因為很早進入這家公司工作,爾後這幾年因為組織快速擴大才在短時間內爬升到這個位置。

我突然意識到中小企業在快速發展時，面對高階人才的短缺將會是普遍的現象，特別是許多工廠都將移到大陸，屆時台幹的需求量將會非常大，而我中原大學畢業和電子業工作3年半的經歷，在台積電、廣達這些大公司根本不具優勢，但到中小企業就會充滿機會。

　　另外，由於我讀大學期間每天早上都會到圖書館閱讀《經濟日報》及《工商時報》，知道零件供應商的毛利比組裝廠高出許多，未來還有上市上櫃的可能性，所以我眼前這位只有高中學歷的協理，可能會在很短的時間內因為公司股票上櫃後就成為百萬富翁，我心中開始產生「寧為雞首不為牛後」的想法。

　　在一個偶然的吃飯機會裡，我遇到了人生中重要的貴人——一家印刷廠的老闆。由於我去過許多供應商的廠區，所以對他們公司並不陌生，印象中那就是間員工加起來不到15人的小印刷廠。

　　台灣因為供應鏈十分齊全，有時一道製造程序就會是一家公司，所以員工少是十分普遍的現象，更何況印刷業是個重資本的行業，一台全新的德國印刷機動則

5～6千萬台幣，就算是二手機台也要2～3千萬元，如果再加上其他配套設備，往往是筆龐大的投資。

之後這位老闆就經常找我參加他們公司活動，且經常跟我討論企業經營上的事，而我也會跟他分享我對於電子產業及供應鏈的看法。某次聚餐後，他問我有沒興趣去接手他的公司，原來他計畫3年後也就是50歲那年退休，因為他自己的子女都還小尚未踏入社會，所以才有找人接手公司的想法。

他之後就把目前一年的營業額有多少、毛利率有多少百分比、負債狀況如何都跟我坦白，深怕我會以為這是個騙局，不過他也老實跟我說，如果我去的話一開始薪水只有月薪3萬5,000元，3年後等他退休就給我20%的股份，掛名總經理。

年薪80萬 vs 月薪3.5萬 怎麼選？

我當時年薪約80萬元，再笨的人也該知道怎麼選了。我進入職場也已經有3年半，老闆畫大餅的事聽到不想再聽，只是這位老闆明明知道我的年薪跟他開的條

件差這麼多,怎麼還會想來招攬我呢?另外,3年後要把公司交給我更是遙不可及的事,說句不好聽的,這種小公司明年還在不在都要打上一個問號。

　　問題思考到這裡,其實已經證明在我內心深處是有意願的,否則我完全不需要再仔細思考下去。只是我需要找到除了錢之外,更多說服我做這個決定的理由並理解對方的立場和想法,以及自己最壞的結果,如果沒有充分的認知,未來很容易就會在挫折及金錢的因素打擊下離開,於是我將利弊得失做了以下的整理:

1. 未來有機會自己創業

　　我發現原來印刷這個產業是可以當仲介而且資金成本不高。許多人本身並沒有印刷機,但靠著對印刷和包材的專業知識,串聯起加工供應鏈就可以在外面自己接案子,這代表如果我學成離開公司也可以有自行創業的機會。另外,印刷業已經是成熟的產業,但毛利率還維持在一定的水準,顯示這個產業還沒有過度競爭,只要能找到客戶依舊有賺錢的機會。

此外，從事這個行業的人口已經老化，對於電子業客戶比較先進的要求及語文能力使不上力，而我的語文能力和工作經驗此時就有很大的優勢。

2. 能學習如何營運一家公司

這一點是最吸引我的部分。對於從小到大就喜歡玩模擬經營或三國志電腦遊戲的我，非常渴望可以把自己的策略和想法在現實生活中付諸實現，加上喜歡閱讀各種商業知識和企業家反敗為勝的傳記，對於中小企業在創業間遇到種種困難最後一一成功克服的故事一直讓我深深著迷。

所以有機會可以實際去營運一家公司，不管是從財務面、業務面、管理供應鏈，甚至與競爭對手合作，這些都是過去身為大公司裡小螺絲釘的我無法接觸到的層面。

3. 學習當老闆的思維

之前提到這位老闆經常與我討論企業經營的理念、做事的方法、與客戶的應對等，這些交流促使我從另一個

角度和層面來看事情，過去有些事情我不明白為什麼我的主管要這樣處理，也在跟這位老闆的交流中獲得解答。

4. 獲利由我自己掌握

假設 3 年後老闆真的將公司交由我經營並持有股份，我自己估算整體的年薪應該可以高於過去在公司上班，並且能享有企業成長的果實，真正成為公司的核心，雖然壓力會大上許多，但可以掌握自己的命運，不用再跟總經理「平均」的感覺還是滿好的。

5. 最壞的結果是什麼？

很多人可能會直接聯想到，如果 3 年後這位老闆不守信用沒將公司交付我，不是害我白白浪費 3 年人生嗎？其實我更害怕的是這是家空殼公司，我成為公司的股東可能只是個人頭，一不小心就會背負上千萬的債務，所以我給自己 3～6 個月的時間，進到這家公司去了解，如果苗頭不對或不符合我的期待可以立刻走人，乖乖回電子業當社畜。

賽道之外

這位老闆你在想什麼？

一段不平衡的關係終究維持不了多久,如果這位老闆只是無聊想壓榨我薪水的話,那一兩個月的時間這個遊戲就會結束,實在沒有必要走這一遭。我自己在做重大決定時習慣考量所有決定的因素,特別是站在對方的角度去思考,很多時候拆夥並不是因為誰犯了錯,而是當初合作的因素條件已不復存在,結束反而是更好的安排。讓我們換個角度重新來看這個工作邀請:

1. 為什麼只給這樣的薪水,難道他不知道我的年薪嗎?

先檢視一下自己雖然號稱年薪 80 萬,但其中股票分紅占了約 36 萬,也就是實際薪水約 40 幾萬,如果再扣掉年終和加班費確實只有不到 4 萬,也就是我的薪資歸功於去到一家優秀的公司和一群人共同努力的結果。

最關鍵的是,在中小企業裡最大的獲利者是老闆本身,其他員工只能領一般的薪水,如果一開始我就領過高的薪資,在這種以家族為主的中小企業恐怕也會引起紛爭。

2. 我可以帶給這位老闆什麼價值？

對於製造一支手機來說，零件多達上百項，每月訂單量上看幾十萬台，在生產管理及物料管理上需要複雜嚴密的控管，這部分是我在廣達負責的工作。但印刷品製造流程相對簡單，供應商們又各司其職，我的工作經驗在這個部分其實優勢不大，反倒是這個行業的門外漢，所有的流程工序都必須從頭學起，短期間對這家公司來說就是一個實習生，需要一段時間培養才能發揮我的工作績效。

3. 他從我身上看到了什麼？

這位老闆看中我什麼呢？這個問題其實應該由那位老闆來回答，但站在我的角度來觀察，主要還是工作視野、經營理念，以及人格特質。相較於這位老闆只有高職畢業靠自己打拚起來的人生，我則是在當時台灣數一數二的公司工作，英文書寫和口語都還可以，又去國外遊學和大陸實習過，相對來說工作視野較廣，如果這家公司想繼續與電子產業做生意，我似乎比他更適合當對

外的窗口。

另一方面，我大學就喜歡閱讀財經類報紙及雜誌，對企業經營的理念有著自己的見解和創意，更重要的還是窮苦人家出身，豐富的中小企業打工經驗能與老闆感同身受，簡單說就是經營者會想找來商量的忘年之交。

4. 老闆需要冒什麼風險或可能的代價？

受雇者很習慣從自己的角度來看事情，常常以為我來工作你付我錢天經地義，事實上如果我們站在對方的視角來審視，才會發現除了錢以外還有許多的成本其實包含在裡面。

- **培養一個接班人需要成本**：許多台灣老闆習慣年紀很大才會啟動接班機制，甚至根本沒有這個計畫，想要做到去世的前一刻，他們寧願把時間花在生意的擴張上也不願帶個拖油瓶在旁邊實習，甚至放手讓他經營看看。

培養一個接班人不但需要時間歷練還需要承受他犯錯

誤的成本，所以有些老闆面對繼任者犯錯時就急著跳下來處理危機，名義上是避免危機擴大同時示範如何處理，事實上不但剝奪繼任者學習的機會，也展現出自己對他們的不信任，而部分的領悟在我當上父母後更是深刻。

- **把公司交給別人經營需要絕對的信任**：每間公司都是老闆付出一、二十年才累積出來的心肝寶貝，如果交給自己的子女經營敗光家產可能一聲不吭，畢竟是另一個心肝寶貝毀掉的，但交給沒有血緣關係的專業經理人就不一樣了，樣樣都要品頭論足，可見我老闆要下這樣的決定必須突破自己多大的關卡。

- **擺平內部股東或家族勢力**：即使當時的老闆是公司最大股東，但仍有許多親戚在裡面工作，當公司所有人都知道這個對印刷什麼都不懂的年輕人將會是自己的老闆，可想而知所有人都會想看看這小子究竟有什麼料。在我上軌道有所表現之前，老闆必須護住我這棵小樹苗期待能早日長大，說實話他承受的壓力也不小。

- **老闆想要 50 歲 FIRE**：先不說老闆想要在 50 歲退休的觀念深深地影響了我，想在 3 年後將公司交給一個產業小白勢必要盡快傾囊相授畢生所學，並且這 3 年公司都還必須保持在獲利的狀態，畢竟沒有人想要接手當一家虧損公司的股東，錢還沒賺到自己就先掏腰包成為分母冤大頭。

我們必須成為彼此的貴人

在這場賽局裡，我賭他是個會守信用的老闆，他賭我是個有能力的未來經營者。這是一場我們希望彼此都好的賽局，如果他贏了就可以 50 歲提早退休，如果我贏了就能接棒成為這家公司的領導者。

我們的人生都在關鍵的十字路口，必須互相幫助成為彼此的貴人才能讓各自的目標達成。**當整個格局拉升到這個層面時，此時我的薪水似乎在整個大局裡渺小的根本不值得一提。**

其實經由全面思考，就已經把我從一個打工人的心態，提升到綜觀全局的角度。重點不在於我是否該進這

家公司，而是這家公司未來需要一位具備什麼樣條件的CEO。

萬一，3年後老闆並沒有照約定將公司交付給我，屆時的我會是什麼情況呢？我將會是一個已經被培養好準備創業但口袋空空的人，這看起來也不虧。

所以摸一摸自己的口袋，心想未來幾年想要皮包鼓鼓的機會是不大了，不如把所有的重心放在重新學習一個新產業，未來準備自己當個創業者吧！

破框人生思維

1. 當你面臨人生重大的抉擇時，你看重的是眼前的利益還是未來的機會？你最長會看到幾年後的未來呢？
2. 你曾有無法接受的生活模式嗎？你選擇的是繼續妥協還是決定冒險改變呢？
3. 遇到重大決策時，你會試著站在更高的角度來思考，找出彼此有共識的部分嗎？

Chapter

3

登上事業山頂
然後呢?

我同時有過 3 張名片，一張頭銜是業務經理，另一張是總經理，最後一張是董事長但從來沒印出來過。我出門爭取訂單時叫陳經理，去向客戶賠款道歉時叫陳總，在對岸招商局官員面前叫陳董，一整年下來我當經理的時間比較多，所以朋友對我 39 歲就從總經理位置退下來感到惋惜時，我一點感覺都沒有，因為我還是習慣他們叫我 Daniel。

3-1

放下一切
打掉重練

進入印刷廠公司初期，老闆請一位資深的同事帶我學習有關印刷的事物，但學習的過程十分辛苦，主要的原因是中小企業原本就沒有所謂的接班訓練計畫和工作教材，所以初期我就只是跟著他到處去跑加工廠，透過觀察及記錄，將這些片段的專業知識自己慢慢拼湊起來，當初老闆也是這樣帶著他學習的。

從跟著印刷師傅半夜看色、學修圖軟體 Illustrator 和 Photoshop、選擇上光方式，到開刀模、印刷紙張選擇、扎盒、裝訂方式等，我慢慢將這些知識裝配在身上。

一個從電子產業幾萬人的公司來到只有十幾人的小公司，怎麼看都會覺得很奇怪吧！特別這個人又跟老闆非親非故的，會不會是在前公司出了什麼事，還是欠了老闆人情或是錢，「他應該待不久，做個幾個月就會走了」這些臆測一直在同事之間流傳著，然而不只是他們，我自己也在觀察自己的狀態以及適應能力。

　　另一票覺得奇怪的是加工廠的中小企業主們，首先他們也聽到風聲知道這個人未來可能會接手公司，對於我的身分和能力也都十分好奇——就這一個菜鳥什麼都不懂，老闆怎麼會願意下這樣的決定呢？

堅定信念 鍛鍊出更強大的自己

　　當我把這3年看成是自己的創業培養期後，整個藍圖剎那間就變清晰。這期間不斷吸收印刷專業知識、公司營運知識，以及培養實戰經驗才是我最大的目標，所以多一點加班、福利比過去少，都沒有影響到我想積極學習的心態，反而因為自己的經營知識不斷增強，心想就算沒接手這家公司，自己也能闖出屬於自己的一片天。

在與人的相處上，幸好我當電子新貴的時間不長，而且是底層的工程師沒沾上太多大公司的氣焰，再加上從小就擁有許多中小企業打工的經驗，對於這些職場生態並不陌生。

打從我來到這家公司工作，就打算將自己回歸到一張白紙，至於在電子業的經驗和知識，能用則用，不會強加於目前的工作上，最多就是分享而已，所以我在業務不忙時會主動到生產線上跟大姊們聊聊天，到供應商那邊也會買些小點心表示一下心意，因此在公司端漸漸融入整個群體，供應商那邊也隨著我們公司的業績漸漸成長帶給他們更多訂單，因此贏得他們對我的信任和能力上的肯定。**我一直深信著一個理念：結果由過程決定，過程由行為決定，行為由信念決定，只要我堅定自己的信念，一定可以闖出一片天。**

中國首位諾貝爾文學獎得主莫言曾經說過：「人最大的運氣不是撿到錢，而是某天你遇到了一個人，他打破你原來的思維，提高了你的認知，既而提升你的境界，帶你走向更高的境界，這就是你人生中的貴人。」

從聽從主管指令、跟著組織成長，到獨當一面甚至最後成為企業的領導者，需要一定養成的過程。時間或許是重要因素，但磨練的機會以及老闆的信任，絕對可以加速整個進程，**在每一次的成功與失敗處理經驗中，勇敢地面對自己的內心，必定可以鍛鍊出更強大的自己，面向下一個舒適圈外的世界。**

100萬元以下的事自己決定

幾個月後，在同事的帶領下，我對於整個印刷業已經有初步的了解，跟著同事一起跑業務一段時間後也必須自己開始上場。在跟客戶幾次來回的設計規格討論、強度安全測試及印刷送樣後，終於來到採購這關需要進行價格的討論。我依照以往公司設定的利潤與客人議價，最終價格落在合理範圍的區間。

由於這是我人生做成的第一筆生意，我很高興的打電話給當時遠在大陸崑山的老闆跟他報告這件事。電話中我很興奮的跟他描述整個過程和結果，他聽完後跟我說：「雨德，以後100萬元以下的事不要再打電話問我，

你自己做決定。賺錢的部分不用特別報告，如果要賠錢接訂單，只要跟我說每月要賠多少、賠多久就可以了。」

聽到這番話我感覺到他對我有無比的信任，同時也已經做好停損範圍，我心想這不就是培養領導者最好的方式嗎？不給前進的目標範圍只給警示的界線。

話雖說得輕巧但誰都知道真正的考驗還在後面，老闆會不會在生意賠錢時就突然變臉推翻自己說的話呢？這是個很重要的檢視點，我也很期待這天的到來，因為這關乎到 3 年後他是否會依約定安排接班，如果是我想像過度美好，不如早點分道揚鑣各奔前程。果然隔年就出現檢視彼此信任的機會。

某個客戶的包裝形式十分特殊，是以 PE（聚乙烯）塑膠片經過超音波製程黏合做成盒子，塑膠片本身呈白色並且有花紋，由於是特殊規格所以我們在準備材料時格外小心，只是市場的變化總是出乎人們的意料，當時遇到一波石油價格的波動，塑膠製品紛紛漲價，我遇到要不要往後備料的問題。

當時這項產品已經出貨一段時間，後面也還有

Forecast（預測訂單），眼下去跟客戶反應要漲價是比登天還難，就看自己要不要在材料漲價前先把後面的需求備足以減少損失。

為了預防價格不斷往上漲，我下定決心先花上近50萬元買進一批材料，反正數量也還在 Forecast 範圍內。過不久石油價格持續攀升，塑膠材料大漲，我慶幸自己做了一個正確的決定，當下還跑去跟老闆炫耀了一下自己的判斷。

只是過了不久就面臨到客戶取消訂單的壞消息，由於他們的手機在市場上賣得不好所以取消了後面的 Forecast，連帶我備的那些原材料瞬間變成呆料，望著堆滿倉庫好幾個棧板的塑膠片心中真的很不是滋味，心想這也太難了吧！提早備料有成本漲價的風險，準備了材料有被取消訂單的風險。

當時我請同事去問處理這種塑膠料的回收價，如果以廢品計算1公斤不到10塊錢，以我當時的買價，經過加工後約為每公斤60元，算算下來50萬元的貨價值剩不到幾萬塊。

但該面對的總是要面對，同時我也把這次機會當作檢視老闆是否如他所說的完全授權。我準備好資料去跟他說明整件事的來龍去脈，以及將會如何處理及虧損金額後，他只淡淡地回了一句：「那後續好好處理掉就好。」雖然不知道他心裡有沒有在淌血，至少在態度上讓我看到了領導人的風範。

爾後屬下犯了錯誤，我都會問自己如果當時遇到事情的人是我，我會怎麼處理？我的方法會跟他不一樣嗎？還是他已經做到當時他所能做到的最好。

或許大家會好奇我最後是如何處理那批材料的？由於石油依舊不斷上漲，我判斷即使是廢料價格也會有所反應，另外我理解到收廢品的人無非想壓低價格收購，沒看到東西就先喊低價碰碰運氣，看看會不會瞎貓碰到死耗子，我心想反正東西也不會壞，當時我們家的倉庫也還裝得下，所以這批材料可以先放著等等。

就在約半年後某個機緣下，認識了一家做塑膠製品代工的工廠，我看到他們有使用到類似的產品，提議回公司拿個樣品給他們看看。由於我們的塑膠片原本就用

於外觀件所以潔淨度高，又是白色很適合拿來粉碎後重製新產品，一番議價後最終我以每公斤 47 元售出，減少一大半損失同時也贏回老闆和同事的讚賞。

人生沒有極限 就看敢做多大的夢

當我在和電子組裝廠合作時，有時候需要向對方解釋一些印刷技術與規格，所以有機會和電子組裝廠的業務一起服務他們的外國客戶。過程中原本需要透過業務翻譯解釋給外國客戶聽，但一些專有名詞實在很難表達，於是我開始運用在電子產業所受的語言訓練與生活小實驗向外國客戶解釋。

這在當時的印刷產業是很少見的情況，因為在傳統產業裡，一般業務的語言能力普遍不好很少能直接與外國客戶溝通，當時我心裡就有了目標：如果可以直接接觸到最上層的客戶，成為他們的指定供應商那就太好了。

一段時間下來，外國客戶發現我和他們的溝通沒有障礙，所以開始跟我合作其他的案子，將貨出口到指定的地點，就此我們打開了外銷的大門。

由於客戶當時的產品在市場上開始打起價格戰，對於成本變得敏感，且有意建立自己的零件供應鏈，相較於電子組裝廠的業務需要層層傳遞資訊，我們因為配合度高與客戶可以直接溝通，又願意提供不同的選擇方案，漸漸地與這些外國客戶建立起信賴的關係。

　　價格的部分因為我曾有在國外生活的經驗，了解當地的物價水準，所以在報價上往往可以為公司爭取到更多利潤，正因為種種因緣際會，讓我們開始成為他們的指定供應商。

破框人生思維

1. 如果要打掉重練，你最放不下的是過去的什麼（例如地位、名聲、尊重）？
2. 你曾經遇到令你佩服的主管或老闆嗎？他們身上的哪些人格特質是你所欣賞的？
3. 回想自己的職場生涯，不論成功或失敗你是否曾經突破自己的舒適圈，做出永生難忘的決定或成就，又或是循規蹈矩一直跟著公司的規章辦事？

3-2

接班人
養成計畫

什麼樣的老闆會找員工一起翹班？我以前的老闆就會幹這種事。每隔兩三個星期的平日下午就會出現一次這樣的場景——老闆悄悄地走到我的辦公桌旁問我：「手上有什麼業務在忙嗎？有很緊急嗎？」如果我回答：「還好。」接下來老闆就會問：「要不要跟我去外雙溪的釣蝦場釣螃蟹？」我心想：「拜託，現在是上班時間耶！算了，反正當業務原本就很自由，陪老闆釣螃蟹應該也算一種上班吧！」

到了釣蝦場之後，通常我們會先各忙各的把釣螃蟹

的工具準備妥當，約莫 1 小時以後老闆就會過來看看我的成果閒聊一下。起先還會先分享釣螃蟹的技巧或他家裡的瑣事，後來就會開始跟我討論起公司未來發展、新廠的設立、股權分配安排等重要的議題。

在那個場景我真的體會到老闆是把我當作接班人在培養訓練，透過那些討論他會說出自己考量的因素及觀點，而我也會提供自己的所見所聞與他腦力激盪一番。之後他開始帶我進入他的朋友圈，在上班時間去飛飛行傘、打網球、去跟他的朋友社交吃飯，我開始認識到一些有在上班又不像在上班的老闆們，這些人至少都大我二、三十歲。透過觀察他們之間的談話和交流，讓我有機會學習到他們的思維和做事的態度，同時也打開了自己的視野。

3 年後的尾牙宴上，老闆當著所有員工及供應商的面正式宣布，從今以後公司由我擔任總經理負責一切事務，而他將去台東過退休生活。這 3 年的努力我不但有做出一點成績，也讓員工和供應商們對我們公司有信心。

新手總經理的帶兵計畫

當時 32 歲的我沒有當主管帶人的經驗，沒有實際經營企業的歷練，而我們客戶都是一些上市櫃公司，所以就算是我們公司規模小，管理起來也真的令人膽戰心驚。此刻的我終於可以體會到什麼叫做小孩開大車的感覺，幸好老闆也不是全面放手跑去退休，前兩年還經常會在公司出現，遇到重要的事情還是有人可以商量、出謀劃策。

我心想，既然沒有領導過人的經驗不如就不領導了，把大家視為夥伴，當工作出了問題我就只針對這個職位的內容來糾正是不是會比較好。另外，剛上任必須慢慢建立員工們對我的信任，所以我在第一年為自己訂出幾項工作原則，而後這也延續成為我的做事風格。

1. 不訂年度營業或營利目標

過去 3 年我實際上已經參與公司經營，可以看到各式財務報表，理論上是可以給個初估的數字作為努力的目標，但我知道處於第一年的整合期如果貿然訂個目標

就會像駕駛一台拼裝車高速前進，就算勉強達到目標也會因為過程的劇烈震動把整輛車搞得支離破碎。萬一目標沒有達成反而會打擊團隊的自信心，所以我這位新官要求的就只是每個人把自己手上的工作做好就可以，關於這點老闆也認可我的想法。

2. 帶頭做事以我為源頭

「不要聽這個人說什麼，而要看他做什麼。」許多領導者在掌握權力後就開始把自己劃為公司規定的例外，我知道想要服眾必須要用更高的標準來看待自己，所以在任內除了特殊狀況外，每天我幾乎都是第一個到達辦公室上班，另外，我也沒有專屬的辦公空間，就跟其他的夥伴們坐在同一間辦公室裡做事。

3. 讓大家賺到錢、放到假

以前因為公司是老闆一個人的所以在制度上比較混亂，改為股份有限公司後我特別規劃了每個人該有的特休假，另外，很幸運地我在接手營運的第一年公司就有

豐厚的獲利，所以我特別辦了到日本沖繩的員工旅遊，許多生產線上的作業員都是第一次出國，因此連護照的費用都由公司一併處理，之後的每一年都持續有類似的活動。

培養自己的上帝視角

在足球場上有一個名詞稱為「上帝視角」，意思是指能看到球場上的全景戰術圖，一種擁有能站在高處、擁有統治力的視角。一般來說，球場上的球員很難看到戰術中的全景圖，因為自己就是這些戰術的一部分，在賽事中每個人都把焦點擺在完成教練給予的任務，所以有時根本就不知道為什麼要跑到某些位置，等到時機來到才會發現原來移動中的隊友不知道什麼時候已經來到附近傳球給自己射門。

在企業上的經營及工作執行時也有類似的情況，由於就學期間不斷閱讀累積相關商業知識，以至於習慣從各種視角不斷 Zoom in（鏡頭放大）、Zoom out（鏡頭縮小）來看一件事情。

遠的視角如同從產業面、政府政策面、供應鏈關係等，近的視角如觀察公司流程、品保系統、研發管理等，就像是導演拍攝電影的視角，如果你把鏡頭拉到最近，那即便是最美的女明星臉上也會都是坑洞，又好比是電腦螢幕上的字形無限放大一般，邊緣最終一定會由柔順的斜邊變成鋸齒狀，但如果把攝影鏡頭拉遠到外太空的視角，別說事件本身，就連自己的公司都微小的如時代洪流裡的一顆塵埃，根本沒人看見。

　所以有時我們會遇到一些很有趣的現象，當我們遇到事情需要處理時，從自己的角度看問題會得到答案 A，然而從主管的高度看會得到答案 B，從企業利益的角度則會是答案 C，但從整個產業面來看可能又會回到答案 A。

　因此答案是哪一個並不重要，重要的是你要如何看清楚問題的核心，用清晰的邏輯和通盤的考量來做出決定。所以即使你的結論跟別人一樣是答案 A，但若可以把整套思路和視角完整的呈現出來反而是含金量很高的答案 A。

以下就是我曾經在經營企業時遇到的經典例子：

某天公司業務員小 P 慌張地找我到會議室說有事要報告，他說一款已經處於量產交貨的產品因為客戶嫌我們的產品單價較高，所以請我們把手上訂單做完就好，後面可能會換供應商。

他緊張地繼續說道，雖然這款產品的單價較高，但我們手上還有一些半成品，如果停產的話勢必會有損失，此外他也很擔心有新的競爭者進到這個市場會破壞所有價格，造成供應商彼此都沒錢賺的情況。

我請他先去幫我倒杯熱茶緩和一下，回來後我問他：「我們最近交貨給這位客戶有出現品質問題嗎？」他回答：「沒有。」我說：「那這就不合理了，如果是在沒量產前客戶會議價是合理的，既然已經量產交貨代表客戶已經認可這個價錢。然而量產中議價多半是來自上面客戶的壓力，但在沒有品質問題的狀況下想換供應商真的不常見，你再去問問採購究竟發生什麼事了？」

過幾天小 P 又來向我報告，他說他搞清楚了，原來是客戶的上游客戶嫌我們的產品貴，所以自己去大陸找

了供應商要把產品從對岸運回台灣來交貨,於是我跟他說:「原來如此,你去跟採購說我們願意多準備 500 個成品在手上,以免新供應商臨時出了問題沒東西可以用,另外這多備的數量不需要給我們訂單,萬一沒用上全部由我們公司吸收。」小 P 馬上反應說:「Daniel 這樣好嗎?這東西單價很高,既然人家都要換供應商了我們為什麼還要幫這個忙?」我神祕地告訴小 P:「別擔心,好好把服務做好,他們需要任何協助都要全力幫忙。我有信心過不了多久這個客戶就會回到我們手上了。」

過了一、兩週後果然傳來新供應商品質不良的消息,我們先前準備在手上的 500 個成品馬上派上用場,採購立刻補下訂單讓我們交貨去補足品質不良的數量。接著我請小 P 去跟採購人員說,我們願意再備貨 500 個在手上,以免有類似的情況發生。

果然過 2 週後類似的狀況再度發生,採購非常感謝我們的幫忙,立刻下單讓我們交貨以免耽誤機器出貨的時間,這次我請小 P 直接跟採購說我們願意多準備一些,這次準備 1,000 個在手上,有了前 2 次經驗,此時

採購很感謝我們之前的幫忙並且承諾這 1,000 個他們一定會馬上下訂單拖走不會讓我們有損失。

就這樣來來回回過了 3～4 個月之後，客戶的上游終於受不了品質問題更換了大陸供應商重新全部下單給我們，得到消息後小 P 很開心的來問我：「Daniel 這也太神奇了吧！你怎麼會知道有這樣的結果呢？」

我分析說：「事情發生時採購一定挨罵了，因為上游客戶居然自己找到供應商而且報價還比較便宜，此時不但客戶的業務難堪，採購也不好過。你要馬上去平反根本是不可能的事，所以我們必須先退出不需要做什麼解釋，想好備案萬一另一個供應商出事可以如何全力補救。」

「那你怎麼會料到最終訂單一定會回到我們手上呢？」小 P 問。我喝了一口茶說：「這邊關鍵點有兩個，第一個是價格，你想我們的價格真的比較貴嗎？」小 P 說：「難道不是？」我回答：「不，客戶的上游拿到的價格其實是我們家的報價再加上客戶想要賺的中間差價，所以即使你降價給客戶也沒有意義，因為你根本

就不知道最終報價是多少，降得少發揮不了效果，降價多了客戶覺得以前我們賣太貴，更何況競爭者在大陸光是人工成本就不一樣，我們的價格高有其原因。」

我接著解釋：「但在這個基礎上有一個核心的概念是，我們跟我們的客戶是同一陣線的，因為一旦上游客戶在這個零件上有了採購權未來勢必會朝其他的零件動手，屆時我們的客戶從此就會失去採購主導權，不但從此賺不到差價甚至未來會面臨全面性的價格檢討，所以做好所有的服務、全力幫忙就是我們對客戶最好的表態。」

「那品質出問題的部分你又是怎麼料到的呢？」小 P 問。我回答：「這款產品體積大、精細度高又不耐碰撞，從對岸走海運過來台灣碰撞是難免的，再加上電子廠原本的標準就比較高所以很容易造成品質爭議。再者，客戶的上游遠在海外，無法在現場判斷是否可以放寬標準檢驗，而供應商人又在對岸無法派人過來處理品質問題，所以品質的標準判斷以及不良品處理全都要倚仗我們的客戶來處理。」

我繼續說道:「第一次進貨或許上游客戶還願意出點力協調,但隨著品質常常出問題,無法處理不良品以及無法及時補充新品,鞭長莫及,當然最終會遭受到捨棄。」小 P 聽了之後說:「關於這點真的如你所說。我聽說上游客戶要求大陸供應商品質不良的數量要補新品,且必須及時以空運運來台灣置換,他們光是空運費就吵翻了。幸好我們先備 500 個成品在手上才能讓他們及時出貨。」

我說:「是啊!就是考量這種種因素,我才說這個客戶早晚會回到我們手上。」小 P 說:「Daniel 你真是料事如神!那你說那個品質問題是不是真的是運送造成的啊?」我再次給了他神祕的微笑說:「別問我,我也不知道。」

破框人生思維

1. 如果你跟我一樣有機會在 32 歲當上總經理,你會如何管理公司呢?如果現在就讓你當上總經理,你覺得自己最缺乏的是哪些能力和心理素質?

2. 試著用上帝視角的概念觀察生命中發生的事件,試著站在事件中不同角色的立場來設想對方的想法、分析每個人的核心利益,並推敲整個事件發展的走向。在事情發展的過程中試著跟事件中有關的人物交流以獲取他們對於這個事件的看法並與自己的設想來做對照。

   生命的許多過程都有一定的模式,如果可以慢慢發展這項觀察能力,將來對於人生的看法以及事業發展都會很有幫助。

3-3

你想成為
怎樣的人？

與其阻擋眼前將會發生的趨勢或事件，不如勇敢率先表態成為幫助對方的一員，利益當前你願意站在客戶的角度做更大的布局嗎？

有人這樣做生意的嗎？

我有一位客戶與我關係相當不錯，從他開始創業時就一直向我們購買包裝材料，只是他做的是食品業又是自創品牌，所以初期產量一直做不大，特別是淡季時工廠的部分產能遠遠超過需求，經常1週上2天班就把東

西全都做完了，為此他相當的苦惱，畢竟透過品牌效應增加銷售量需要時間，但工廠不論是員工或是租金卻是每月都需要支出白花花的現金。

偶然他接到國內大廠詢問代工的意願，所以特別找我到他公司問我意見。他說道：「代工單雖然量很大但價格幾乎是它們公司的成本價再多加一點點，如果有損耗根本不賺錢，而且付款條件也不好，需要更多的週轉金才不會有問題，此外，現有的倉庫根本不夠用，如果要接代工單勢必要再租更大的倉庫，那也是一筆費用。」這個情況讓他面臨進退兩難的抉擇，他問我，如果是我該怎麼辦？

我沉默了一下決定先拋開我們倆是客戶與供應商的關係，完全以他的角度考量分析。我說這筆訂單無論如何都要拿下，最主要的原因是：如果工廠員工經常沒事可做不但士氣會低落，時間一久也會對公司沒有信心，另外，就算公司沒錢可賺但如果可以支付員工的薪水，現階段也是很重要。

「可是資金、倉儲的問題怎麼辦？」朋友繼續問道。「你的生產量變大了，接下來就必須要砍供應商的

價格。」我說。朋友繼續說：「可是我買的那些水果原材料因為量不大都是現金買賣，再加上天災、淡旺季因素原本就討不到便宜，就算加上代工單的量，在價格上能爭取的也有限。」

我說：「沒關係，就算水果價格降不下，你還可以砍我價格。」朋友聽完一臉不可思議。「現在你一次跟我訂 1,000 套包材，價格比較高，我回去算一個比較大的量，例如一次做 5 萬套，這樣價格就能降下來，你的代工單就能賺到錢了。」朋友說：「可是我沒有錢付你 5 萬套，而且我們家倉庫也不夠放。」

我回答：「那簡單，我們公司倉庫比較大，全部放我那，你依舊每次跟我叫 1,000 套包材，叫多少付多少，這樣就解決你的資金和倉庫問題了。只是這 5 萬套都算你的庫存如果要改版一定要用完才可以。」朋友一臉狐疑，皺著眉頭說：「雨德你是不是瘋了，有人這樣做生意的嗎？」

不知道大家讀到這裡對我主動降價的評斷如何？如前面所述，從朋友的立場來看，擴大產能後想辦法降低

成本擠出利潤是一定要做的事,今天就算他沒問我,之後也一定會有人給他相同的建議。與其未來他找我討論降價不如我直接將這個辦法告訴他,並盡可能幫助他拿下訂單,這樣一來不但成為這筆訂單的促成者,也贏得了對方的信任。

讓生命成長的「Be Do Have 法則」

我想和大家分享一套生命成長公式:

- **Be**(成為):在心態上先成為你想要成為的那個人或位置。
- **Do**(做):以那樣的思維或格局來處理或執行過程。
- **Have**(擁有):擁有這種格局下的成果。

不曉得大家還記不記得小時候讀到蔣公看到魚兒逆流而上,然後努力不懈終究功成名就的故事(糟糕,我的求學時期好像也是走這樣的路線)。似乎在我們的教育中無論做什麼事總是要先「苦其心志」、「空乏其

身」，我們通常會把焦點擺在要經歷很辛苦的過程，然後擁有偉大的事業或金錢才能成為一個成功的人，這樣的模式就是 Do（做）→ Have（擁有）→ Be（成為），認為自己做到了，擁有了某些東西，才會覺得自己成為什麼樣的人，或是被別人認可是那樣的人。

但事實上我們往往會將絕大部分的心力放在 Do（做）的過程中，傾全力去營造一個努力不懈奮鬥的故事，而沒有選擇思考如何去 Be（成為）那樣的人，甚至必須靠著 Have（擁有）怎樣的外在物質、金錢、名聲、地位才能證明自己的價值和存在。這樣的思路不但無法讓我們達到想要的目標反而限制了人生的發展。

在我上過的個人探索課程中，我學習到這套生命成長公式是：Be → Do → Have。成為什麼樣的人，就會去做怎樣的事情，最終就會擁有與其內在所匹配的一切。這邊要特別說明的是：認定自己要成為什麼樣的人、站在怎樣的立場或格局是關鍵的因素。**要成為怎樣的人才是驅動我們向前的目標，而擁有什麼只是過程中的成果而已。**

依照這套公式來解析我的人生經歷就會發現，大學時期是我整個人生思考模式的重大轉捩點，不過當時的我並不知道這套理論基礎的存在。接下來就以我的生命歷程來解釋這套生命成長公式如何影響我的人生。

Be：在心態上先成為你想要成為的那個人或位置

還記得大學時期每天去圖書館看《工商時報》和《經濟日報》的我嗎？透過閱讀《工商時報》使我了解不同產業鏈的發展和上下游關係，例如新聞報導中常常會提到「上肥下瘦」，以筆記型電腦產業為例：位於上游的產業如生產 CPU 的英特爾（Intel），就會相較位於下游的組裝廠廣達毛利較高；生產零組件的公司會比組裝整機的工廠毛利較高。此外，也了解到目前哪一家公司或產業具有領導地位並擁有深厚護城河，例如過去生產 DRAM（動態隨機存取記憶體）的公司曾經是大家捧著現金要搶貨的對象。

《經濟日報》提供我有關政府的政策走向、利率的變化、匯率的影響，就連當年大陸推行「騰籠換鳥」西

部大開發計畫[8]的消息我也是透過閱讀報紙得知，藉由閱讀管理雜誌、《遠見》、《商業周刊》（我一直是他們的忠實訂戶），讓我學習到更多不同產業的經營知識。

在大量閱讀這些資訊的潛移默化下，我的視角早就跳脫一名大學生的範疇，社團活動、四處遊玩早已不是我關心的話題，我開始站在巨人的肩膀上試著從一位經營者或是經濟學家的角度，慢慢培養出企業家的做事態度和格局，並且觀察身邊的經營者他們是如何營運自己的企業，例如我打工的游泳池以及補習班。

而這也是為什麼那位供應商老闆會看重我，願意把公司交給我的原因。因為我與他擁有共同的視角可以站在同一個高度上看事情、互相討論，這是創業者最夢寐以求的朋友──一個可以討論公司經營的知音。我們考慮的是企業布局和未來的發展而不是自己的薪水有沒有增加。

所以當我的薪水從原本年薪約 80 萬元的大公司降到每個月 3 萬 5 千元時，對於老闆來說，他想知道的是

---

8. 大陸為了解決經濟開發區土地資源枯竭問題，當地政府希望將低階製造業遷走，騰出土地，提供給高科技產業建廠。

這個年輕人是否如他自己嘴上所說的那麼有企圖心，願意冒險且具有領導人的特質，畢竟年薪 80 萬元和 42 萬元相差近 40 萬元，對於員工來說當然差別很大，但對於一位有自信的老闆來說根本是不需要考慮的事。

此外，我更有優勢的是待過大公司，了解大公司的運作模式和組織運行，同時對於這個產業鏈的上下游生態認識較深，這些都是白手起家的老闆所無法做到的。

Do：以那樣的思維或格局來處理或執行過程

正因為我自己以經營者的思維出發，所以老闆初期才會給於我 100 萬元的額度讓我自己發揮，且完全把我當作一個合夥人看待而不是下屬。當上總經理之後，在處理重大客戶的案子上我毅然決定冒更大的險，在沒有訂單的狀況下，依舊冒險投產，這些都是我願意把自己放到一個更高的位置上所做的決定。

Have：擁有這種格局下的成果

正因為我「願意」讓自己先擁有成為一個經營者的

心態和格局，才能讓這個信念帶領著我透過一次又一次的考驗不斷訓練自己與這個信念融合，最終成為自己想成為的那個人。

而當我達成自己想要成為那個人（總經理）之後，下一個 Be 又是什麼呢？你猜對了，我想讓公司成為業界裡的第一名、成為真正的隱形冠軍，很幸運地我後來也達到了。

破框人生思維

1. 主動降價、損害公司短期利益換取長遠合作關係的例子並不多見，在你的工作生涯見過這樣的例子嗎？你願意站在更高的角度解決客戶的問題，即使是犧牲自己的利益嗎？如果是你，在這個例子中又會做怎樣的決定？

2. 重新用「Be Do Have 法則」來看待自己想要達成的目標。例如你想在幾年內升職成為主管，你在「Be 心態及視角」、「Do 執行過程」、「Have 擁有這種格局下的成果」，這三方面是否都朝著成為一位主管的格局前進呢？

3-4
如履薄冰的
3A 總裁

　　或許是搭上筆記型電腦以及手機產業高速發展的成長期,加上自身的努力和經營策略正確,公司的業績蒸蒸日上,很幸運地我們公司最終成為蘋果(Apple)、宏碁(Acer)、華碩(ASUS)的指定供應商。

　　熟悉的朋友們戲稱我是「3A 總裁」,手上拿著撲克牌中 3 張 A 標準的人生勝利組,殊不知我每天都過著戰戰兢兢的生活。站在組織高峰的那幾年讓我對於經營企業與人生有著與一般上班族不同的領悟。

預先看到企業到達高峰的警訊

套一句朋友跟我說的話:「當大部分的中小企業都在為每年的營收努力時,還有機會探討企業到達高峰的警訊已經算是十分幸運。」大約在2012～2013年間,我們公司最大的客戶在上海召開供應商政策會議,全球最頂尖的公司代表幾乎都出席了那場會議。在全上海最豪華的辦公大樓、可以容納幾百人的會議廳,全程英文的演說簡報還有精美小禮物,我們公司因為英文字母開頭的關係排在比較前面,演講前一位黑人講者還特別下來跟我寒暄幾句問問我們公司是在做什麼產品。

幾百人的小公司在他們供應鏈系統裡只能稱作「微商」,我感覺到自己公司的渺小和微不足道,對外宣傳我們是某某供應鏈,但前三大客戶的業務量幾乎占了我們公司業績的70%以上,任何一家抽單都會讓我們營運立刻陷入危機。會議中和我坐同一排的三星電子(Samsung)公司代表站起來舉手發問並指出這項政策的瑕疵在哪,看著人家自信從容的態度和流利的英語真的讓我由衷地羨慕,同時也感覺到我們與他們有著巨大的差距。

也就是那次之後我開始認真思考這家企業的下一步應該是什麼？當時的我們已經是某個領域的隱形冠軍，當然現場的供應商也都是個別領域的翹楚。我意識到我們的發展已經到了瓶頸，迫切需要更積極跨足到別的產業或發展其他技術了。

身為消費性電子的供應鏈，我們曾經歷經過 NB 的高速成長期、手機的高速成長期，算是相當幸運的供應商，而我是如何去判斷整個上游產業的趨勢已經開始轉向呢？關鍵就在於客戶對於我們公司產品價格的敏感度。

由於我們的產品是包裝材料類相關，在整個 BOM（物料清單）表中屬於單價最低的部分，那些電子類材料或機殼的價格都是我們的好幾倍，所以在降低成本的時候基本上我們都不會是主要對象，因為貴的材料下降個 5% 可能就是我們售價的 20%。

所以當客人開始對我們的價格很敏感時，我們可以判斷出可能有新的競爭者進入這個市場，或是客戶本身也面臨到外來的競爭需要我們的支持，但最糟糕的情況是當客人已經開始在擰乾毛巾裡的最後一點水時，代表

這個產業已經邁向成熟期再也沒有超額甚至合理的利潤出現了，更可怕的是這種狀況幾乎不可逆，價格只會一路往下探底。

當時電子產業相對於傳統產業已經算是毛利較高的市場了，如果連電子業的價格都開始下殺，代表我們公司的高成長將不再出現，迎面而來的將會是衰退。想當初以前的電視機、電冰箱也曾經是高科技的代表，隨著時間的推移任何科技終究會走向成熟。

或許有人會問，那我們的隱形冠軍地位呢？有辦法為我們守住更多嗎？說實話除了像台積電那種世界級的公司有權利跟客戶議價外，其他領域誰沒有個兩、三家供應商。如果客戶對品質的要求不高那價格更會是關鍵，我們的技術優勢不一定能發揮效果，有時就連EMS（電子組裝廠）搶單的行為也常常出現價格崩盤，就算搶到單也不一定能賺到錢，算一算，發布新聞消息賺取股票差價的利潤可能都比接到這張訂單本身高。

這種情況在我離開業界幾年後開始出現，有能力的大型電子組裝廠紛紛轉型往更高毛利的領域發展，例如

伺服器／AI，還在轉型的就只能跟紅色供應鏈競爭那些吃不飽的雞肋，身為他們的供應商我們的處境就更艱難了。不接訂單意味著工廠稼動率不高，工人沒加班費賺，接到訂單又只是白做工，萬一出了品質問題還得要賠錢，這種看不到明天的方式著實讓經營者感到沮喪。

明白成功來自哪裡才能懂得謙卑

身為一個經營者你真的了解自己的成功來自於哪裡嗎？在心理學中有個名詞稱作「正反饋心理」，簡單來說就是人們透過多次的正向經驗逐步相信某種原本不信任或懷疑的信念或模式，到最後甚至願意盲目地為這項信念或模式起身捍衛奮戰。

放在詐騙案中來解釋，就是原本人們是不相信有這麼高的報酬率，結果在朋友的鼓勵下先放個幾萬元，幾個月後果真收到了利息，此時正反饋心理受到加強，心想不如再加個幾十萬試試，過個一、兩年後都順利收到利息，此時不但自己用房子貸款投入還鼓吹親戚朋友一起加入，完全忘記當時對於這項金融商品的疑慮。

賽道之外

其實創業也是一樣，如果公司每一年不斷地賺錢創新高，幾年順風順水走下來，很多老闆就會忘記自己是誰，認為自己已經累積了一定財富和江湖地位，再怎麼樣也不會變得更差，就算差也不可能會是業界最差。於是開始投資業外，花錢也大手大腳起來，殊不知改變的不只是業內的競爭，而是整個產業結構已經形成一種趨勢的轉向。

為此，我在經營公司的過程中就不斷思考讓我們可以順風順水的因素是什麼？是我們公司真的在這個業界有不可取代性，還是只是有比較好的戰略位置又或者是整個產業都在上升期我們只是被帶動的雞犬升天？

最後我自己的結論是，我們的產品雖然在業內有領導性的地位，但此項產品在客戶的零件清單中重要性不足，在產品趨於成熟的過程中容易被競爭對手取代或要求降價，就算現在公司有賺錢也必須保守以對，持續將賺到的錢投入更高技術的發展，只可惜股東們的想法不一，並且成功的氣氛容易讓人暈眩，在我離開前似乎還沒看到轉變的契機。

在經營企業的過程中我們不但要了解過程失敗的因素，對於自己的成功也必須抽絲剝繭，就算只是運氣好也必須追根究柢去探究背後形成的原因。

　　在創業的道路上，我最佩服的不是那些遇到經營困難進行轉型的老闆，而是早早看到未來趨勢願意放棄現在市場和競爭優勢開始布局未來的人。只是每家公司股權複雜程度不一，對於未來的規劃會因為股東們處於人生不同階段而不同，所以能夠做到這點的人少之又少，經營的大環境隨時在變化，誰也不敢保證這麼轉向會不會因此而翻船。

　　只是身為總經理的我，站在第一線親身面對市場的變動感受比所有人深刻，萬一我的預測是真的，眼睜睜痛苦地看著情況發生再去善後必定心裡有所不甘，到時再補上一句「我很久以前就提出過警告了」其實也無濟於事，不如就把這些看成企業興衰，人生起伏的一部分，一切好聚好散。

　　我很慶幸自己是以專業經理人的身分入股這家公司，本身並沒有要傳承子孫的想法，甚至覺得只要價錢夠好

就可以進行交易，雖然跟同事們的感情都很好但對於這件事還是要冷靜理性來看待，不能夾雜情感的因素在裡面。試想，如果我是富二代，財富傳承於上一代，根本不可能退股走人，也就沒有後來精彩的 FIRE 人生了。

成功經營者每一步都如履薄冰

由於我 32 歲就當上總經理，當時公司的股東中不乏年過 50 歲同時也是其他公司高層的朋友。其中一位就是 C 總，C 總人長得不高、有點中年發福，掌管著一家員工超過千人的公司，手戴名錶，不但有公司配車還有專屬司機幫忙開車，住在高檔的別墅區，出入高檔場所，跟當地的官員都是好朋友。記得第一次去參觀他們公司時，由於廠房太大他還必須要開一台高爾夫球車載我才比較方便。

在他辦公室裡我突然發現幾十台電視，我開玩笑的說：「C 總你股票也玩太大了，一次準備幾十台電視到底是買多少股票啊？」他語重心長地跟我說：「那些電視是某個客戶倒閉前，他請員工趕快去搶回來抵貨款。」

他繼續接著說其實他很羨慕我們公司，人不多獲利又高。

他讓我猜猜他們公司一個月的人事費用，我猜一個月 200 萬元，他神神祕祕地說：「500 萬人民幣。」我馬上吞了一口口水，心想這壓力也太大了吧！這時我又想起當初離開廣達就是不想在未來過著跟主管一樣的生活，現在看到這位股東的生活不禁讓我懷疑，難道一個成功者的生活就長這樣？這真的是我未來 50 歲時想要的生活嗎？

公司經營走下坡對於一位員工來說最大的損失就是薪水沒有了，大不了就是再找工作，就算找不到與之前相同的薪資，降薪求職也都是短暫度過的方法，但當一位經營者就不一樣了，公司一個月的開銷可能是自己薪水的幾十、幾百倍，看到的數字不是百萬就是千萬，如果把這麼多錢都看成是自己的，可想而知那壓力會有多大。

而台灣中小企業的業者在大陸經營的環境又更加困難，沒有融資的管道再加上客戶的付款條件十分嚴苛，常常是我們要現金去買原料，但出貨後收到款至少都是半年後，整個資金的壓力十分龐大。在我離開的那幾年，

對岸政府又不斷地在加稅,辛辛苦苦賺來的錢還要經過層層剝削才能到達境外。

此外,面對大陸本土企業在成本上的不公平競爭(許多本土企業都不給員工五險一金,也不遵守一些環保法規),以及年年調漲的基本工資,真的給企業們不少經營壓力。

近年來由於去中國化,許多品牌廠商的供應鏈四分五裂,有客戶去印度,有些人去越南、泰國、印尼等,搞得中小企業們無所適從,同時還遇到人才短缺、資金短缺、訂單分散等問題,更糟的是錢無法從大陸匯出。有些朋友跟我訴苦:「從台灣到大陸沿海再到內陸的重慶,他們已經累了不想再動了,做多少算多少做到就地解散為止。」然而在對岸,即使你想將企業收起來,還要面臨到更多的查稅和員工處理問題,想到這真的會令人感到沮喪。

有鑑於經營企業的不容易,這麼多年來我的生活開支一直如履薄冰維持在過去的水準,從來不會因為薪水的增加或獲得獎金而去購買奢侈品或提高消費水準,我

依舊是那個搭廉價航空、住商務旅館、穿 T 恤牛仔褲的工程師。也正因為有效控制物質的低欲望，我才能將賺到錢投資到房地產，奠定了可以提早離開職場的本錢。

破框人生思維

1. 你目前工作或經營的公司所處的產業是在上升期還是已經處於成熟期？你有思考過轉職或轉型的可能性嗎，還是完全不理會大環境的變化只是一直埋頭苦幹呢？

2. 你過去的成功經驗是來自於自己或公司的哪些優勢？那些優勢是否還存在？是否還是市場上需要的關鍵優勢呢？

3-5

我的人生價值
不是由物質所定義

在我即將離開企業的前兩年我第一個小孩即將誕生,老闆為了犒賞我這幾年來的努力送給我一台4輪傳動百萬級休旅車,所有設備只要不會互相干擾的統統裝上去。拿到車的那天我好開心,心想從今天開始我就是人生勝利組、令人稱羨的中產階級。

我特別跟有錢的朋友打聽台北市好吃的日本料理餐廳在哪裡,準備帶老婆大快朵頤一番。當時老婆正懷孕對於口味有點堅持,她跟我說她只想吃八方雲集的水餃,我心裡想:「妳老公好不容易有所成就,開上一台

百萬級的車想要去好好慶功一番,此刻你居然只想要吃水餃。」但沒辦法,懷孕的人不但口味獨特脾氣也需要安撫,此刻我堅持如果要去吃水餃,那我就要把車停在台北市京站百貨對面的停車場,旁邊就有一家水餃店。其實我心裡想的是,我想讓所有經過停車場的人都能看到我的成就,誇獎這台車好帥氣。

從我們家走路到這家水餃店其實只需要短短 15 分鐘,但我特別把車開回家接了老婆再到停車場,這開車短短的 5 分鐘我不斷跟老婆炫耀這台車的功能和我有多成功,就在我很帥氣的把車停好後,陪著老婆要走往水餃店時,我轉身看了眼車子才猛然領悟到:「不對啊!我現在走在路上,不就跟我從家裡走來一模一樣,但我明明開著我的『成功』來的,怎麼我的『成功』停在停車場沒有附著在我的身上。我明明因為開了好車所以變成人生勝利組,怎麼下了車我就變回灰姑娘了。」

在那一刻起,我突然醒悟到**我的人生價值並不是由這些外在的物質或地位所決定**。無論此刻我開的是高檔車還是一般車,事業成功還是失敗,這些都跟我這個人的人

生價值沒有關係，我的人生價值必須由我自己來決定。

完成外在成就後的人生下一步？

我們從小的教育就習慣了去完成別人心目中的成功，年薪幾百萬、住豪宅、開好車，彷彿那個成功的象徵就是未來的自己。等到有一天我們真的達到了巔峰，才會發現得到的不過是一副名叫成功的堅硬盔甲，不但阻隔我們和別人的連結，也切斷了我們和內在的自己。

很慶幸我從 20 幾歲就開始進行自我探索的旅程，每一次的成長都是因為我願意很深切誠實的面對自己每一段人生過程。39 歲事業達到巔峰的我選擇離開職場，其中一個原因是我想知道「成功的下一步，是什麼？」就像我在某場演講裡問台下企業主們的問題：「你們是真的需要那麼多錢，還是害怕走向成功後的下一步，面對鎂光燈背後的自己？」

如果我告訴你，成功後你還是要洗衣服、教孩子功課、面對家裡的關係，或許你會繼續選擇去追求外在的成功，因為那比面對內在的功課容易多了。然而，追求

外在的成功是人生的一個必經過程，我們必須透過這些經歷才能尋找到通往內在的路徑，所以在我第二人生裡我決定為自己的成功重新下定義，同時也去發掘自己到這個世界的目的是什麼？是什麼讓我願意下一次再回到這個地球上體驗生活？

於是乎我對自己的成功有了新的定義：

- 全心全意盡情享受生命每一刻
- 有足夠的金錢來支持我的夢想和照顧家人
- 有一群很好的朋友可以一起實現更大的願望
- 很棒的家庭和家族關係

破框人生思維

1. 社會上成功的標準有哪些是你不認同的呢？
2. 假設你已經達到社會賦予的成功標準之後，你人生的下一步是什麼？
3. 放下社會給你的成功標準，對於你來說什麼才是人生成功的定義？

Chapter

4

39 歲離開職場
重新點燃人生

「老闆，有一天我早晚會離開公司，畢竟人總有一天會死。只是我覺得現在離開剛剛好。」這是我跟老闆提離職最開頭的一句話。老闆沉默了一會兒回答：「你做事一向思考得很詳細，那該怎麼做就怎麼做吧！」接下來我們大概花了幾分鐘討論離職時間和退股的事，之後就像沒事一樣一起去外面吃飯了。

　　離職拆夥的原因百百種，有人是因為彼此理念不合，有人是因為彼此的信任不再，有人是因為發展到了瓶頸。要離開一個自己曾經努力過的地方，原因必定是由許多複雜的因素組合而成的。

　　如果往自己的內心深處誠實地去挖掘原因，那應該就好像是我很努力熬夜打電玩，破關後卻發現破關畫面也不過就是這樣，或是爬山到達山頂後欣賞一下美景然後就回頭下山，把這片景色還給山林一般。對我來說人生最重要的是經歷而不是把那些成就牢牢抓在手裡，這就跟玩鐵人三項一樣，每次比賽都要拚上台領獎是很累的，大家輪流上去站一下拍拍照，帶著美好的回憶回家不是超棒的嗎？

4-1

放下設定好的人生
才能過值得的人生

過去人們幾乎都是一輩子工作到死,根本就沒有退休的概念,「退休」這兩字是第二次世界大戰以後才被創造出來的,只不過當時人類的平均壽命不高,50、60 歲就算是高齡了,現在 50、60 歲的朋友剛好漸漸脫離教養小孩、繳清貸款的壓力,正要展開第二人生。此外,也有不少 70、80 歲的大哥大姊們仍健康良好,在許多領域依舊活躍著,而且因為有豐富的社會經驗和生活歷練更能創造出不一樣的人生下半場。

所以提早退休本身就是近代一個很新的概念,我

們其實不需要受限於政府或《勞基法》的規定，如果硬要用金錢來作為衡量標準，可能有些人的財力在一出生時就已經達到退休的標準。因此**退休對於我來說只是一種更自由的生活方式選擇**，就像是都市與鄉村生活的不同，職業婦女與全職媽媽的差別，並不是要因此與社會脫節甚至是拿來炫耀。

不知不覺在心中埋下 FIRE 的種子

一開始我其實並不知道「財務自由、提早退休」一詞，當時只是單純地想，工作了這麼多年放個長假也是滿合理的。工作期間我認識一位大哥他本身是台積電的資深員工，他在資產達到 3 千萬時選擇和老婆一起退休，這件事我一直放在心裡，加上我老闆本身就是選擇 50 歲退休，所以 FIRE 的種子逐漸種在我心裡。

當時我開始尋找是否曾經有前人做過類似的事，台灣唯一我找得到的就是田臨斌（老黑）大哥在 2010 年出了一本《從 CEO 到樂活家》，這應該是台灣第一本有關 FIRE 的書籍，那時他剛剛進行 FIRE 生活 2 年多，

只是書上提到財務規劃的部分並不多。

雖然很羨慕他的生活方式，但我把自己與老黑大哥的情況做了比較：他是 45 歲 FIRE 並且沒有小孩，而我是 39 歲，並且上有兩老下還有兩小，標準的三明治世代，比較起來難度似乎高上不少。我心想，如果能成功或許可以成為台灣第一位有小孩的 FIRE 成功範例也說不定。

剛好當時我們家來到一個人生關鍵的時間點，由於我們為孩子選擇了華德福教育，2 年後有可能要從台北市搬到宜蘭，所以如果馬上找新工作將來會遇到需要轉換地點的問題，盤算手上目前累積的資產，讓我 2 年不工作絕對沒有問題，不如就利用這 2 年來實驗看看是否真的可以不工作生活。就這樣我開始過上摸著石子過河的 FIRE 實驗生活。

人生的使命就是把生活過到最精彩

我是人生的幸運兒嗎？沒錯我就是。我知道很少人會有這樣的自信去承認，在最初 2 年的 FIRE 實習生活，

我不斷地在思考一件事，既然老天給予我提早退休的幸運讓我不用糾結於社會上的成功標準，其中一定有屬於我更重要的使命要去完成，因此我選擇接受老天給我的這份幸運並繼續探索未來的旅程。

那種感覺又回來了。就像是當初要離開廣達電腦一樣，即使未來充滿著未知卻很期待，像是小學生期待著開學日一樣，雖然不知道是什麼但似乎感覺有個更高的意識在帶領我。

記得在某次自我探索的課程中老師告訴我們：每個人都帶著不一樣的禮物要給這個世界。這讓我想起我的朋友 Vito 大叔中年被公司資遣又被老婆離婚，但憑著自己的努力一步一步重新開始，最終有了新的職業生涯和親密關係，透過他分享這段生命歷程帶給了許多中年不順遂的朋友很大的希望，而作家愛瑞克在財務自由後結合更多作家的力量，透過不斷地演講和寫書將更多的正向能量帶給這個社會。

我自己體悟到我要帶給這個世界的禮物則是：把自己的生命過到最精彩，**透過不斷突破生命的過程，將限**

制自己的框框無限擴張,證明生命其實沒有極限就看你敢做多大的夢而已。

所以每次在遇到困難猶豫不決時我就會想,如果我勇敢的往前跨一步,即使失敗,會不會有可能激發到別人也願意有冒險一次的勇氣。即使知道可能是愚公移山但我仍舊願意在這世界留下精彩的過程。人這輩子最害怕的不是失敗而是成功,因為失敗最壞的情況就是死亡,但成功卻可以帶你到這輩子從未到過的地方。

FIRE 生活初步計畫:財務規劃及自律生活

因為沒有前人的經驗可以參考,所以在 FIRE 的前 2 年,我想的就是如何維持原本的物質水準以及生活作息,其餘的部分再慢慢摸索。

財務規劃:股息＋租金打造被動收入

當時,我和老婆管理家庭開銷的方式是每月每人存入 3 萬元當作公積金,家裡所有的開銷就由這每月 6 萬元來支出。幸運的是,房子頭期款有家人支持再加上過

去所得比較高，手上一有寬裕資金就拿去還貸款，在夫妻兩人的共同努力下，39歲FIRE時台北的中古屋就已經沒有了房貸，此外，因為從前公司退股，離開時手上的類現金資產約有千萬元。

我是這樣盤算的：如果把千萬資產都拿去買每年能創造現金殖利率約5%的商品（當時想到的是中華電信股票），再加上我在日本東京的小套房每月租金約1萬多台幣，這樣一來就能創造每年約60萬元的生活費，除了支援每月3萬元的家庭支出還能將部分資金當作自己的零用錢或做其他安排，至於老婆因為是公務人員，除了日常薪水外，退休金有國家照顧比較不用擔心。

自律生活：規律作息＋保持運動習慣

許多剛退休的人因為一下子失去工作重心，就讓自己生活的規律亂了套，失去每天固定上下班的節奏搞得三餐不正常，身體也無法適應開始出現小病痛。我離開職場後因為是全職爸爸，所以基本上生活作息就是跟著小孩的節奏，早上幾點要送他們上學、晚上準備晚餐、

什麼時候要開班親會，洗衣服等家務事就是我的生活節奏，十分規律。

另外，**身體健康絕對是退休生活中最值得投資的一環**，因為無論你準備多豐厚的退休金也禁不起身體的損傷，就算幸運可以修護有時也會阻礙我們往更大的夢想前進，而讓我一直保持運動習慣的動力就是參加鐵人三項比賽。

以報名一場最困難的超級鐵人賽 226 公里為例，這個等級的比賽需要在 17 個小時內完成游泳 3.8 公里、單車 180 公里、路跑 42 公里這三項運動。一位以完賽為目標的選手至少需要花 6 個月來準備，由於我們並不是職業選手並不會有教練來安排訓練課表，更不會有人監督是否持續練習，所以一切都要靠自己的運動紀律。

我規劃的訓練方法是會在訓練期間安排馬拉松或單車的賽事，利用以賽代訓的方式，時時提醒未來賽事的存在也順便檢視自己準備的狀況。一整年下來幾乎都可以維持基本的運動習慣，就算沒有賽事我也會擔任視障陪跑員或 AED Runner 為視障朋友或賽場上跑友們服務。

離開職場後的 10 年內我已經完成了兩場 226 公里超級鐵人賽，以及數十場不同等級的鐵人賽和馬拉松賽，還騎過 5 次單車一日北高、2 次一日雙塔，以及一日三塔 600 公里的腳踏車賽事，也曾經帶著視障朋友參加鐵人賽、挑戰過一日北高，其中最讓我開心的是可以跟著鐵人社團或慢跑團的朋友們一起到台灣各地參加賽事，一起運動、一起旅行。

破框人生思維

1. 你想過幾歲要退休嗎？退休的年紀是自己決定還是根據公司規定？如果有更想做的事會不會想要提早退休？

2. 你對退休生活的理想型態是什麼樣子？是到處旅遊？做自己喜歡的事？還是其實目前的你完全沒有藍圖？

3. 在人生中你最想達到的目標是什麼？是當上公司高層？學術上獲得某種成就？如果現在就確定無法達成這個目標，你願意放下它重新設定自己的人生旅程嗎？

4-2
做好這 6 件事
退休後再創下一個開始

故事的結局總是「從此王子和公主就過著幸福美滿的生活」，或是「自從財務自由後，美食、旅行就成為人生美好的旅程」，彷彿所有的問題只要退休了、只要財務自由了，一切就會煙消雲散。醒醒吧！老天爺幫你準備的另一個人生新挑戰正要開始！

在我的經驗中，即將退休的朋友其實內心是十分惶恐的，恐懼的是這次放的不是幾天特休假或 2 個月的暑假，而是直到人生盡頭的假期。

根據「國發會人口推估查詢系統」資料顯示，2025

年起全台灣超過 45 歲以上將占一半的人口，65 歲以上人口比率突破 20%，每 5 人就有 1 人。以 65 歲退休、85 歲離世來算，壽命還有 20 年，但我們的教育從來沒有告訴我們要如何規劃這段「黃金年代」（Golden Age），以及要用什麼態度面對生活型態的改變。

有些人光是想到有那麼多時間沒事做，那麼多時間沒人相處說話，心裡就害怕，不如回去工作，至少有個熟悉的環境和規律的生活；也有些人一退休就拚命完成過往無法達成的夢想：登山、旅行、買台好車等，幾個月後，人生的夢想一一實現達成，但也因此失去對生命的活力，因為這輩子想做的事，都已經做完了。

以上都是 39 歲退休的我曾有過的經驗。不過在生活中面對的問題還不只這些，以下是我自己經常遇到的 6 個問題和解方提供分享：

1. 列出這輩子沒做會終身遺憾的事

以前在工作時常常想，如果停止工作後我就要如何如何，但真的離開工作時，好像當初自己很想要的那些

願望突然間都消失了。

或許當初的那些念頭只是因為壓力大或疲勞想短暫逃離的方式，一旦外部的壓力消失，心中的渴望也就像洩氣的氣球一般喪失追求的熱情。有鑑於此，每一年我都會問自己如果生命只剩下 3 個月，那麼自己最遺憾、還沒做的事是什麼？

記得有一年我寫下的心願是要到國外跑馬拉松，當時的我連一場全馬都沒有跑過，偶然聽人說日本大阪馬 42 公里全馬關門時間長達 7 小時，也就是說用走的也可以完成。腦波弱的我居然就相信了，而且還自己買機票、訂飯店飛到大阪跑馬拉松。

因為沒有國外跑馬拉松的經驗，許多事前文件準備和規則都不懂，幸好遇到許多台灣來的跑者帶著我，最後以近 6 小時的時間完賽。當他們聽到我的「初馬」就是大阪馬而且是一個人來時，每個人都露出驚訝的表情。

2. 嘗試新活動 朋友自然出現

一開始沒工作時，會發現所有朋友都從時間軸裡消

失了。就算剛開始白天還可以到朋友、親戚的公司串串門子聊聊天，但畢竟人家也還在工作，只有自己沒事找人家聊天，久而久之就感受到全世界都在照常運行，只有自己待在原地的窘境，甚至開始懷疑自己當初為何做出退休的決定，心想如果當初繼續待在辦公室裡至少還可以聞得到人味。

以我自己為例子，初期白天的時段確實比較難熬，因為老婆小孩都出門上班上學，原本忙碌的工作突然化成空白，確實不知道如何規劃，幸好我是個電影愛好者，所以每每送完小孩上學後，就跑到西門町看早場的電影，後來我開始參加早上的游泳課，才發現原來也有許多跟我一樣的人，有些是原本就沒有在上班，有些是下午才開始上班，他們可能是百貨商場的老闆或家庭主婦等。

就這樣我開始結交另一個時段的朋友後，才發現原來在平行時空的另一端也有人在生活著。

3. 每天早晨寫下今日計畫

你不再是朝九晚五的上班族，不必等公車、擠捷

運,你不用 9:00 到公司、12:00 吃飯、17:00 下班,看似可以肆無忌憚的通宵追劇、和老朋友喝酒盡情玩樂,但脫離規律的生活,通常是健康惡化的開始。想想看,這副身體至少還需要用 20 年,怎麼樣也不要過度使用、提早報廢。

以我自己為例,因為家中只有我處於退休狀態,但我還需要照顧小孩,所以我還是配合小孩的規律作息,也方便照顧小孩。

另外,每天早上我都會坐在書桌前寫下今天計畫要做的事,以及審視自己的年度目標。例如今天計畫要看電影、打電話給父母、拜訪朋友、運動等,而年度目標如完成一場 100 公里長跑馬拉賽,目前的訓練進度如何等。看似平凡無奇,但**每件小事的記錄和安排,都會讓你有踏實和掌握生命節奏的感覺**。

4. 重新打造沒有名片後的自己

過去在飯桌上很常聽到「你好,我是某某科技公司的主管、某某公司的老闆。」甚至在同學聚會上還會聽

到:「我認識誰誰誰,某某某以前就是我帶出來的。」這些光榮經歷,似乎只要說一句「但我現在退休了」,所有過去的努力和紀錄就會在下一秒煙消雲散。

許多人脫掉這些穿在身上幾十年的社會階層外衣後,反而不知道要如何與人相處,因為發現那些過去值得驕傲或自卑的事,周圍的人再也不關心了,這時候反而是創造下一個人生最棒的開始,因為這次再也沒人會說「玩這個沒前途」、「做這個賺不了錢」,也不會有人說「學這個很難,要花很多時間」,人生的發球權又重新回到你的手上,就看你怎麼玩了。

5. 學習管理自己的退休金

這時候應該是你人生最有錢的時候。雖然退休財務的規劃一定在退休前就要做,但過去你可能只顧著賺錢又或是沒真的進入退休生活,不知道實際財務運用狀況如何。

總之,對於財務的規劃包含退休生活、資產轉移、稅務等,絕對是退休後最值得學習的投資,特別是遠距網路學習的低門檻,更能讓退休人快速學習到新的知識。

6. 陪伴父母 實習退休的生活

如果你想要知道真實的退休的生活長得如何，不需要去聽演講、上網買課程，只需要回老家探望自己的父母，跟他們聊一聊，關心他們的生活，就會知道退休需要多少花費，日常的生活又是如何。

父母就是我們生命中最棒的導師，他們用自己的生命歷程作為我們的榜樣。對於他們走錯的路，我們謹記在心，對於他們心中的遺憾，則盡可能幫助他們彌補。

人生最珍貴的絕對是過程而不是結果，你永遠無法忘記的一定是那些經歷過的人事物，而不一定搞得清楚最後到底是誰把那座獎盃拿走。

破框人生思維

關於退休生活的安排，你最擔心的是什麼？是太多的時間還是與人的關係突然疏遠？退休是我們下一個生命階段的開始，我們需要新的學習和新的朋友，所以保持你的好奇心主動勇敢接納來到你身邊的新事物，才不會辜負你期待已久的黃金年代。

4-3 財務自由後還要工作嗎?

我在FIRE族前輩田臨斌（老黑）的粉絲團「老黑看世界」看到有讀者說：「退休了，還不是繼續當作者、寫文章、街頭表演來賺錢，那不就只是表面上退休而已？」於是我開始好奇，大家所謂「退休」的定義是什麼呢？我自己的定義是：能不為了生活賺錢，做自己喜歡做的事，就是退休。但如果能賺到錢，那也很棒！

退休，意味著對於自己的責任已經有好的安排，不論是照顧好家庭子女或安頓父母，此時可以往自己更深

的內心去探索，慢慢加大比例過自己想要的生活。

　　古人說「開悟前燒飯洗衣，開悟後燒飯洗衣」，我說「財務自由前燒飯洗衣，財務自由後燒飯洗衣」，前者是責任後者是選擇，外在的行為相同，但心境上卻有很大差異。

不需要大富大貴 提早退休只是一種生活方式

　　我覺得 FIRE 其實是另一種生活方式及心境的選擇，但大多數人總把「財務自由」的部分看得太重，似乎財務自由後就必須依照某種特定的方式過生活，沒有環遊世界、吃遍美食就不算 FIRE。

　　有個故事是窮和尚對富和尚說：「我決定去南海。」富和尚驚訝地說：「你靠什麼去？」窮和尚說：「一個飯缽和水瓶就夠了。」富和尚勸他：「這麼多年來，我一直想租船到南海，卻始終沒去成，你只靠飯缽和水瓶怎麼能成功？還是放棄吧！」但窮和尚沒有理會富和尚的勸告，開始了他的行程，靠著化緣和苦行，最終成功到達了南海。

FIRE 不是為了過別人眼中欽羨的生活，而是過自己選擇的生活。真的缺錢了，就再回來賺，開開計程車、送送外賣，做兼職的工作，沒有什麼不好意思的，人生總是會有意外，但如果把這些人生可能會發生的意外牢牢抱住，裹足不前，只會像富和尚一樣，永遠無法出發到自己想去的地方。

我有個表哥，50幾歲從科技公司退休。退休後他打掉重練，開始學著當領隊，帶著客人到世界各地玩，由於之前在科技業工作，對於電子產品及軟體學習上手快，每次帶團就憑藉過去的經歷跟客人介紹當地電子業的發展，並在每天的旅遊中為客人拍照、修圖、製作旅遊影片，獲得許多好評。

疫情期間旅遊業沒工作，表哥就當起臨時演員。過去2年多來參與超過100多部廣告、電影、戲劇的演出，還出演了火紅的台劇《茶金》、《華燈初上》和三立電視台的長壽劇。

雖然有時完全沒有台詞，充其量只能演個酒客、路人甲，但幸運的話還能跟明星拍拍照，和子女炫耀一下。

就算一整天下來只有 1,000 元收入，但這種想接工作就接、沒接就過自己生活的模式，不但讓生活充滿樂趣還能賺到零用錢，真的令人羨慕。其實台灣有不少人退休後開起 Uber，想要的正是多聆聽陌生旅人的故事，嘗試新鮮事又有報酬，不想開時就休息，相當愜意。

找回初心 做自己喜歡的事

還記得你很喜歡園藝，但卻被父母要求要填電機系嗎？你明明喜歡戶外生活，父母卻跟你說公職最有保障？退休後的你，再也不需要顧忌這些了。

你可以重新回到上學時對未來的憧憬，再一次選擇自己想要學習的有趣事物，不為工作、不為賺錢，只為了自己。

像我自己就去學了木工、羊毛氈等許多自己覺得有意思的東西，所以若是想嘗試 FIRE 的朋友，不妨先用兼職的方式找個工作，實習個半年、一年，讓自己重新放空、找回最初的自己，或許就能發現最適合自己的退休方式喔！

我自己認為退休的第二人生是追求圓滿的人生，我們開始把過去的遺憾和未完成的夢想一個一個找回來，這可能要冒很大的險，或經歷許多不舒服，但這一切的經歷，才是生命最可貴的地方。

　　在我們完成這些夢想和彌補遺憾後，**允許自己再去冒險、做更大的夢，不斷地擴大和實現夢想，直到我們闔上眼的那一刻**，你會感到心中彷彿擁有全宇宙的滿足，這才是我們來到這個世界最大的使命。

破框人生思維

1. 還記得自己小時候最喜歡做什麼事嗎？如果沒有印象不妨問問自己的父母或兄弟姊妹，不論有沒有退休我們都可以再次找回自己的興趣，重新再體驗一次。

2. 你對退休後持續保持彈性工作的想法如何？還是你喜歡的是完全從職場脫離呢？寫下你的想法，但不需要一直堅持，因為你的人生由你自己決定。

4-4
另一種
放大退休金的方式

想在中年就成為財務自由的 FIRE 族，需要一些冒險精神，畢竟你正走著大部分人不會走的道路，既然如此，不如為自己的退休生活預設更大的彈性空間，或許反而能更早到達你想要的目標。

換到物價低的地區 資產價值立刻翻倍

在國外，不管是退休人士或 FIRE 族，都會利用國家 GDP（國內生產毛額）的差異，來達到提升生活水準的目的，最簡單的例子就是歐美人常會在東南亞國家

Long Stay，以他們在歐美賺到的錢，拿到經濟發展較慢、物價相對較低的國家花用，剎那間原本準備好的 500 萬元退休金，在東南亞國家立刻變成 1,000 萬元的價值。如果有在當地進行投資，例如房地產或股市，又剛好搭上當地經濟高速發展的時期，不但資產倍增，最後直接選擇待在東南亞國家過退休生活，也是個不錯的選擇。

但有些朋友說，自己無論如何都不想離開台灣，是否也能運用以上的觀念在島內實行呢？我剛好有位朋友就這樣做了。他工作的地方在台北市的南京東路與基隆路交叉口，但說到住處，台北市內的房子肯定是買不起的，所以他選擇在距離公司 30 分鐘車程的汐止租房子，而汐止中古屋的行情約在每坪 30 萬～ 40 萬元。

後來，他因為孩子教育的問題，搬到宜蘭頭城，這才發現，同樣距離公司 30 分鐘車程，但頭城的房價只有汐止的一半，開車上班時，因為跟遊客行駛方向不同，也不會遇到堵車問題，因此就在頭城圓了買房的夢。

另一個從事外匯交易的朋友，原本也住在台北市，後來他想想，只要有電腦和網路，外匯在什麼地方都可

以做,於是就直接從台北搬到了花蓮,不僅省下了在台北買房的巨額支出,在花蓮也生活得很舒適。

移居發達國家的鄉間 享受低成本高品質生活

另外,還有一個大部分人想不到的方式,就是搬到發達國家的鄉下去住。台灣人最喜歡的國家非日本莫屬,但你有想過去日本鄉下生活嗎?

即使不在鄉下,只要遠離繁華都會區,例如日本北海道札幌市的2LDK[9]中古屋只要日圓1,150萬元,折合台幣不到300萬元。如果把台灣的房子賣掉變現、搬到北海道去生活,也是滿舒適的。

另外,我10幾年前到澳州遊學時,澳洲政府為了鼓勵人民往最南邊的塔斯馬尼亞島移居,推出了免費送土地和房子的優惠活動。雖然在台灣這種情況很難發生,不過大家也可以努力找找看,或許在別的國家,也有這種機會喔!

---

9. 2LDK是指有2間房間、1個客廳(Living room),1個用餐區(Dining room)和1個廚房(Kitchen)。

破框人生思維

對於有些 FIRE 族來說,房子或許並不是必需品,它只是個休息的場所,所以我也曾看過有人選擇不買房子,而是將資金全數投入投資理財創造現金流,至於居住的地方則用長租的方式維持。由於這位 FIRE 族喜愛旅遊,一整年下來許多時間都在國外旅行,如果在台灣擁有房子使用率應該也不高。提供給大家另一種 FIRE 生活模式的參考。

Note

Chapter

5

沒有職業收入
如何自由的生活？

投資絕對是人生中逃不開的議題，不論你是否有FIRE 的計畫，我們總是會需要管理分配自己的薪水，即使你是月光族，某種程度也是做了一種資源分配。大部分的人退休時都是人生資產最高的時候，在那之前我們必須學習更多的金融知識才能守好這一生好不容易賺來的錢。

　　然而每個人的個性、年齡、喜好、投資經驗不同，對於選擇的投資工具都需要時間去練習和信任。我不是投資達人，無法教給大家投資致富的方法，只能分享自己過往的經驗，無論你選擇哪種投資工具一定要搞清楚它的特性和風險。

5-1

告別殺進殺出的
炒股時期

我從大三就開始學習買基金和股票，由於每天看財經類報紙對股市開始產生興趣，雖然手邊閒錢不多但卻很熱中情報的蒐集，覺得自己這麼努力肯定比那些菜籃族要強上許多。那時第四台十分盛行，每天晚上80幾台的節目幾乎都在講股票，年紀大的投資者一定對某位股票老師在節目中經常講到一半、情緒激動就開始丟筆有深刻的印象。

當時我很熱中於股票投資，不但研究公司基本面和各種技術分析，還去上開在企管研究所的投資學，每週

上課前，我就會把第四台老師講的話整理起來，到學校課堂直接問教授。這樣學習的過程不但沒有進步反倒變得無所適從，不論是上漲或下跌，第四台每位老師講的都有道理，就算事後驗證那位老師講錯了，但不知道為什麼這個人消失一陣子後就會繼續出現在螢幕前，並吹捧自己的神預測。

那兩年間我就是標準的散戶，看著雜誌、報紙消息殺進殺出，不但什麼錢都沒有賺到，還買到人生第一檔下市的股票——中興銀行，這應該會讓今天喜歡存金融股的朋友不敢相信。

另外，我也開始研究起基金，陸陸續續定期定額投資了群益馬拉松和富達歐洲新興國家，雖然開始有小獲利但總是覺得很空虛，我懷疑自己只是因為幸運賺到錢跟我自己的判斷無關，同時也開始疑惑為什麼推薦我買基金的銀行理財專員自己的投資績效居然是虧損。

工作期間除了幾次小金額的短線進出，幾乎是遠離股市的狀態，唯一從股票上賺到錢就是領到廣達電腦配發給員工的股票。我賺來的錢大部分都拿去改善家裡的

財務狀況，留在手邊的金額並不多，也因此很幸運地當 2000 年網路泡沫化、2002 年 SARS 疫情、2004 年陳水扁總統 319 槍擊案、2007 年次級房貸等重大金融危機發生時，我不是手上沒錢就是把錢都拿去還房貸，那幾年我最大的體認是：站在瞬息萬變的股市面前我真的太渺小了。

以為是熟悉的定存股 最後卻認賠出場

最後一次進入股市是我開始經營企業的幾年後，當時房貸已經還完，手上剛好有一筆資金想著可以買支定存股來領股息，當時我選定的是仁寶電腦（2324），理由是 NB 產業已經進入成熟期基本上業績衰退的機會不高，過去 5 年配息都很穩定，理財雜誌分析各項數據都很推薦，又是自己熟悉的產業，獲得各種產業消息比一般散戶來得快，就這樣花了上百萬元買了這支股票，怎麼知道買進後竟是惡夢的開始。

原本以為它是支波動性很低的股票，買了 1 個月後就開始沒有理由的出現下跌，報章雜誌沒有任何消息，

問了相關供貨的廠商也說沒有異樣，每天看著手機裡的股市報價，今天跌了 3%、明天漲回 2%、後天盤中上下振福 6%，換成金額來計算每天都是好幾萬元的差額，幾乎是一名員工的月薪。

雖然自己心中早已設下停損點，但面對這樣波動的過程，股價又持續往下跌，我發現已經影響到自己的心情，金額的部分事小但我肩負著公司的決策和運作，必須全心全意把精力放在公司上，最後就在虧損 1 成多的狀況下停損出場。停損後約莫 2 週，新聞才發布相關消息，原來他們明年失去某個客戶的部分訂單，也就是從這次開始，我再也不碰個股的股票投資。

破框人生思維

投資理財當然是為了賺取財富創造未來美好的生活，但當投資行為已經干擾到目前的生活甚至工作時，或許並不是這項投資方法不好，而是不適合自己的個性或是當下的生活型態，需要適時地做出改變。

5-2 讓退休金變好用的 2 種方式

有意識地消費加上異地退休能讓金錢變得更好用。什麼是有意識的消費？簡單來說就是「在自己喜愛的事物或家庭共同目標上盡情的消費（我自己稱為核心消費），然後在日常生活中謹慎地花每一分錢」。

以我自己為例，我喜歡買各種類型的書閱讀並分享在網路上，但到目前為止我從來沒有買過任何一台新車，即使我的財務狀況完全可以負擔得起，只因為汽車對我來說不過是代步工具，我很清楚汽車對我的意義是什麼；以家庭共同目標為例，我們家喜歡旅行，對於食

物以及衣物較不注重，所以當預算有限時會把旅行費用擺在第一，盡量去減少其他開支。

我可以為了參加兩岸三地自釀啤酒比賽為台灣爭光，自己負擔機票住宿，但會選擇最便宜的旅館和搭乘紅眼航班，因為那些跟得不得獎完全不相關。然而我也要提醒有些朋友會走向另一個極端成為一個小氣的人，變成很在乎東西的價格，喜歡東比西比，把每樣東西的價格壓到最低，深怕別人從他身上賺走一分錢，令周圍的家人朋友感到不舒服，這樣的人即使致富了，周圍的朋友也都會離他而去。

無意識地消費會讓你的荷包慢慢縮水

有意識地消費聽起來似乎很容易做到，然而生活中卻會一直有不同的誘惑來促使我們無意識地消費。以下就是3種常見的無意識消費陷阱：

陷阱1：追求變相的小確幸

由於現在買房、買車越來越不容易，所以人們開

始喜歡追求變相的小確幸。「小確幸」源自日本著名作家村上春樹之作，原本是形容因微小事情而確切感到幸福，只要擁有一顆感恩的心，用心體會，很多事物都可以是幸福、美滿的。

原本應該是簡約生活的倡導，後來在行銷手法以及人的彌補心態下反而促進更多花費。

舉個例子，廣告中雖然我們沒辦法像貴婦一樣住豪宅，不過多加個幾千元就能擁有跟貴婦同款的吹風機，彷彿使用那台吹風機的幾分鐘裡，自己就能成為貴婦；或是發現離自己想要存錢的目標十分遙遠，乾脆放棄，把錢都拿去吃喝玩樂；每項消費水準都比自己的能力高出一點點，就為了拍照打卡在朋友間炫耀，到頭來什麼也沒有留下。

如果你也有過同樣的情況，不如換個念頭，改成挑戰別人做不到的事，例如登百岳、做菜、說腹語，一些不需要增加太多消費的活動，一樣能打卡同時贏得別人對你的尊重。

陷阱2：第二杯半價

限量、優惠、折扣……這些訊息都帶有一種急迫性，要我們的大腦盡快做出選擇，當然很難深思熟慮，此時人們最在乎的其實是「過了這個村，就沒這個店」，這也就是為什麼折扣手法永遠有效的原因。

我自己對抗衝動性消費的方法就是「慢下來」，先想一想家裡有沒有類似的替代品，例如想喝星巴克時就想想超商的咖啡也還可以，到了超商後再想想家裡其實也還有濾掛式咖啡。對於高單價物品更是應該選擇先不要做決定，讓自己脫離當下環境，如果過了一、兩個星期，做完功課後還是覺得很需要再回來買也不遲。

陷阱3：「看起來」好棒、好想擁有

短影音每天在手機或網頁中播放，成功的情境不間斷地出現在眼球裡，讓人感到很帥、很美好，就連我們這些理工男也常常會被產品上的超高硬體規格或多功能吸引，常常忘了到底這個規格的東西適不適合自己。

在鐵人三項界就有個經典例子，某些人看到菁英選

手騎著三鐵車覺得很帥氣，不但趴在休息把可以降低風阻，車子的材質也超級輕，還能增加速度，剛好手上有預算，衝動之下在網上查一下規格就買了，買回來才開始後悔，原來三鐵車適合平路賽事，對於喜歡騎車爬山的車友無法發揮優勢。

此外，為了想趴在休息把耍帥，還要加練核心肌群，否則根本無法駕馭；為了輕量化設備，特別多花好幾萬元降低車架 1 公斤的重量，卻沒想到自己肥得像隻豬一樣，還不如自己減重比較划算。

累積很多次踩雷的教訓後，每當看到很帥的鐵人裝備或釀酒設備時，我都會先在專業的群組詢問意見，通常都會得到很不一樣的答案。你也知道，穿上喬丹的經典鞋款並不會變成喬丹，反而有可能變成大家的笑話。

當我們開始採取有意識地態度來看待每次消費，在購買前想想這是否真的對自己有幫助還是一時陷入無意識消費裡，透過不斷的練習就能建立起屬於自己的消費觀，進而提高自己的儲蓄率、提升資產，打造屬於自己的 FIRE 人生。

異地退休讓錢相對增值

為了節省通勤時間、為了小孩想要進入熱門學校、為了投資置產……當你準備退休時，這些當初買房的條件或許已經不存在，投資所獲得的收益也該是變現的時候，此時考慮異地退休絕對是最值得做的事。

對於退休朋友們來說，擁有良好的生活環境、家人朋友的陪伴以及充裕的資金來完成第二人生的夢想是最重要的事，而異地退休剛好可以幫助我們達成。以下是異地退休的好處：

好處 1：重新選擇自己想要的生活環境

假設你原本居住在都會區每天必須擠著公車和捷運上下班，退休後不再有工作需求，不妨搬到鄰近的小鎮。像台北退休族最喜歡的宜蘭，或是天氣晴朗的高雄都是很好的選擇，再加上台灣交通發達 65 歲後票價又是半價，退休後進行島內移民是最佳時機。

如果是喜歡海外旅行的朋友也可以選擇其他生活水準較低的地區或國家 Long stay，順便學習其他國家的

文化或語言。我有一些朋友每年就會去日本北海道進行 Long stay 學日文，北海道不但物產豐富，有些機構還會提供外國人免費的日文教學，長期租屋的價格通常更加划算。

好處 2：過上更好的物質生活

假設你在台北有間 30 坪的老房子，每坪價值約 60 萬元，總價值為 1,800 萬元，如果搬到宜蘭市花 700 萬元就可以買到屋齡 20～30 年約 30 坪的華夏，這一來一往就多出 1,100 萬元現金，如果全數買入特別股聯邦銀甲特（年利率約 5.2%）每年就有 57.2 萬元的收入，相當於每月有 4.7 萬元，再加上自己的勞保、勞退，已經足夠支持不錯的退休生活。

此外，宜蘭市不但有陽明醫院作為醫療的後盾，要去台北市看朋友也只需要搭客運 1 個小時，未來還有高鐵進駐，到達高鐵南港站只需要 15 分鐘，如果預算不高，小套房也是很棒的選擇，畢竟孩子也都長大離家。

以氣候宜人的高雄來說，中古屋小套房平均單價落

在20幾萬，買個10幾坪的房子退休住也是很棒的選擇。

好處3：營造更優質的教育環境

談到教育，別人一聽到我們小孩上的是森林小學，馬上就聯想到高昂學費和需要父母花時間全心投入，然而事實卻是與想像有很大的出入。

我們因為幫孩子選擇了華德福教育所以進行島內移民，從台北市搬到了宜蘭縣冬山鄉。宜蘭的華德福教育學校是屬於公辦民營，所以學費完全是比照公立學校，如果再加上一些其他費用大約平均每月 2,000～3,000 元，此外，因為教育的特殊性所以也不會有補習費用的產生，比起一般學校其實並不貴，相較之下如果是在台北市選擇體制外教育，一個小孩的費用就可能要高達 2 萬元以上，如果有 2 個小孩，基本上就已經吃掉 1 位家長的薪水。

因為我們從台北搬到了宜蘭，整體的生活消費比在台北要低一些，再加上將台北的房子出租，每月即使扣掉宜蘭買屋貸款的費用，中間差價反而還多出一筆資金

可以運用。

好處 4：跟朋友或家人住的更靠近

　　退休後孩子們也紛紛成家立業，留下孤單的夫妻倆，不如跟好朋友或兄弟姊妹們一起找個物價水準較低的地區居住彼此有個照應。像我媽就跟她的兄弟姊妹們在台南一同買了一棟樓，舅舅、阿姨們每家各住一層，回南部時不但可以探望爸媽，就連拜訪親戚們都能一次搞定。

打造不用為錢煩惱的理想退休生活

　　有意識地消費計畫就像是當個企業主，你不用花時間鉅細靡遺地去記每一筆帳，但你會大約知道每個月公司租金是多少、員工薪資是多少、有多少錢需要保留用於未來、哪些支出項目屬於固定支出、哪些項目又屬於核心消費不能犧牲，所以當你的財務主管跟你說想要規劃某項支出時，你可以迅速判斷是否要執行或是採用更便宜的方案。

賽道之外

　　現在讓我們花個幾分鐘來描繪一下自己的消費預算：首先列出每年的固定成本金額，裡面包含像是租金、貸款、水電瓦斯費以及保險等那些躲不掉的支出，接下來是準備用於長期投資的金額、短期儲蓄金額（生活準備金）以及有意識地消費（包含核心消費及一般消費）。

- 固定支出（如：租金、貸款、水電瓦斯、保險）：60%
- 長期投資：20%
- 短期儲蓄：5%
- 其他消費（核心消費＋一般消費）：15%

　　當我們將年收入乘以這些比例後很容易就能掌握預算的數字，同時最大的幫助就是能引導自己輕鬆地做決定，例如我每年規劃花在自釀啤酒上的費用為 3 萬 6,000 元（我的核心消費），即每月 3,000 元，如果突然這個月有人要約我參加某場鐵人賽事必須花比預算多出 3,000 元，我可以選擇減少自釀啤酒的費用或是肯定地直接拒絕對方：「對不起！這趟賽事並不在我的計畫之中。」

每次你想要消費時就在心中辨別這是不是核心消費，如果不是，就可以毫不愧疚選擇不為它花錢或是尋找更便宜的替代方案，因為它可能會排擠到你的核心消費預算。

異地退休在財務上則是幫我們省下更多錢並讓預算更好用。除了我上述由台北市搬到宜蘭的例子，如果你願意嘗試到海外退休，金錢放大的效果會更明顯。

同樣地，假設你在台北有間 30 坪的老房子，每坪價值約 60 萬元，總價值為 1,800 萬元，賣掉後可以在日本北海道札幌市區用台幣約 550 萬元買到 26 坪的 30 年華夏。

剩餘的 1,250 萬元全部買特別股聯邦銀甲特（年利率約 5.2%），每年可以有 65 萬元收入，相當於每個月有 5.4 萬元台幣的生活費，如果買的是小套房更是幾十萬台幣就可以到手，如果喜歡透天類型的房子，在風景優美的北海道小樽市台幣 400 多萬就可以買到。怎麼樣，是不是心動了呢？

當然，選擇海外退休就必須考慮到醫療、語言、政

治、治安等問題,此時選擇消費水準相對低廉又有華人聚集的國家,例如越南、馬來西亞也可以得到更多的幫助。如果真的需要重大醫療的花費,或許也可以考慮坐飛機回來台灣就醫。

破框人生思維

1. 你的核心消費是什麼?當預算有限時,你願意減少一般消費來成就自己熱愛的事嗎?

2. 試著規劃自己一年的核心消費項目與金額,每個月定期審視,如果兩者有超出範圍的情況則在下一個月做調節,這樣就可以更容易控制住自己的消費行為。

3. 如果你現在還沒退休,在規劃退休計畫時記得盤算一下異地退休的模式是否能創造出更多的現金流,或許可以因此加速你的退休時程或擴大你的投資計畫。

5-3

家庭主夫省錢妙招 刷卡賺逾 20 張機票

有些老公每月將賺來的錢全部交給老婆後就不管了，以為自己已經付出了全部，無論任何支出老婆都可以變得出來。有些豪爽的朋友可能只是一時衝動說出：「這一攤我請客！」下一秒馬上就會遭到老婆的白眼，當然也有朋友婚姻都走到盡頭時，才驚覺怎麼家裡什麼資產都沒有留下。

理財規劃前該注意的 3 件事

我自己因為是公司的經營者必須每月盯著財務報

表，重大的支出也必須經過我的眼，所以對於錢的敏感度比老婆要高，結婚後理所當然成為家中資金的管理者。

家庭財務管理對我來說不僅是金錢上的管理分配，同時也是夫妻彼此信任的基礎，更是家庭成員共同努力目標。因此，在進行家庭財務管理規劃之前，夫妻之間如果有以下共識，才會讓整個規劃進行得更順利。

1. 財務透明、不欺瞞

兩個人組成家庭之後，當然彼此的收入就會成為整個家庭的資產，雖然沒有一定要對夫妻彼此的財務狀況瞭若指掌，但在動用到家庭基金時一定要告知對方，千萬不要故意隱瞞。

我們常在對岸的短影片中看到已經結婚的兩人，女方為了幫助尚未成家的弟弟，將家庭共同資產挪用給弟弟買車、買房的故事，甚至還發展出「扶弟魔」這個名詞。適當的幫助家人當然是好事，但千萬別因此犧牲了自己的婚姻。

如同我前面提到，我和太太每月會各存入 3 萬元做為家庭基金，個人剩餘的部分就由個人自由運用，如果遇到家庭重大支出彼此就會再共同拿錢出來，或是在有共識的前提下各自負擔，舉例來說，假設全家每年出國費用預算為 10 萬元，但為了要配合家族旅行需要花到 12 萬元，由於我是家族旅行的主辦者，為了讓旅行順利成行就由我來補足這個差額，同時也讓家庭基金依舊在預算內，同樣地，如果是老婆的家族想要一起前往，老婆想要聊表孝心，也會由她個人來支出費用避免動用到家庭基金。

　　這樣管理的好處是，彼此對於個人財物都有自由運用的空間，對於共同管理的家庭基金也會有計畫地使用。

2. 一同增進理財知識

　　有些夫妻，其中一人只管拚命賺錢，把理財的責任完全交給對方，如果賺錢倒是還好，要是投資失利，不但損失金錢也會造成家庭失和。

現在許多財經雜誌都會出版一些簡易版的理財觀念專刊，用圖解或簡單的方式來解釋一些投資概念，雖然無法很全面但卻可以給剛入門或沒有時間深入了解的投資人一些有用的觀念。

如果夫妻都能共同學習理財知識，不但可以讓彼此在財務管理上感到安心，同時也可以在管理家庭基金上有更多的共識，此外，對於年紀較長的孩子也可以鼓勵參與這樣學習的過程以增加他們的財商知識。

3. 設定家庭成員共同努力的目標

在進行家庭財務管理規劃前，夫妻必須先討論家庭的共同目標（核心消費）是什麼？可能是買房子的頭期款，可能是買輛汽車，無論目標是什麼都必須清楚描繪出來，因為在之後的消費管理上就要以它為首要目標，在有限的資源裡去做分配。

如果沒有共同財務目標，就會如同沒有方向的船，不知道該開往何方，抑或是個永遠怕船沒油的船長，處處節省卻永遠出不了港。

遵循 3 步驟 管理更有效

在我們已經做好上述 3 個準備後就可以開始進行家庭財務管理的規劃。我們可以遵循以下 3 步驟：

步驟 1：盤點

首先要了解目前家庭財務現況，包含家庭每個月的固定和額外支出，像是房貸、水電瓦斯、給父母的孝親費等固定支出，以及偶爾產生的非固定開銷，如子女的學雜費、家人出遊的旅費等，此外也要了解家庭的資產和負債，有哪些流動資產和不動產，如果有負債，利率是多少、每月需還多少金額。

步驟 2：有意識消費

將收支明細列出，並把核心消費與一般消費區分開來，檢視哪些是家庭共同目標（核心消費），哪些是可以節省的，例如每個月要繳 2.5 萬元的房貸是固定支出無法改變的；可以節省的則像是旅遊花費，例如原先預算為 5 天出國旅遊 10 萬元，改為國內 3 天旅遊 5 萬元，

省下來的 5 萬元就可以挪為家庭共同目標，例如換車或投資基金。

步驟 3：量化目標

最後一個步驟，就是「設定並且量化理財目標及選擇工具」。很多人心裡會想要存到房子頭期款或環遊世界旅遊基金，但這樣的目標卻少了量化的指標，較無法精確的實行。

比較好的量化方式是包含目標和時間，例如「想在 5 年後存到 300 萬元的房屋頭期款」或是「2 年後存到 50 萬元的環遊世界旅遊基金」，接下來利用以終為始的方式來反推該選用哪一種投資工具，以及每月所需要投資的金額。

例如目前自有資金為 100 萬元，想使用購買特別股聯邦銀甲特（年利率約 5.2%），達成 5 年後存到 300 萬元房子頭期款的目標，反推回來就需每年投資 48 萬元連續 3 年，加上原本 100 萬元即可在第 5 年達到約 292 萬元的目標。

家庭主夫的理財小撇步

身為一位全職家庭主夫掌管家中財政大權,當然也要認真幫家裡省點錢。相對於全職媽媽,我自己會更重視功能性及性價比的產品,外觀和廣告通常不會是我的考慮點,以下就分享幾個我自己的生活省錢小妙招:

撇步 1:消費集中刷信用卡 換取飛行點數

我喜歡用信用卡記帳是因為一整年下來用 12 張帳單就能把消費看得清清楚楚,此外,累積飛行點數一向是我的最愛,因為我們不但可以全家省機票錢我也可以帶著媽媽到處去旅行。

目前我選擇的信用卡累積飛行點數是終身有效,沒有時間壓力,過去十幾年下來已經換了將近 20 張機票,大大降低我們家的旅行成本。以下我就用實際數字試算給大家看看成果如何:

假設你辦一張累積飛行點數的信用卡,每 18 元累積 1 點,目前由台北飛東京需要 25,000 點,這也就代表每消費 45 萬元(18×25,000)就能換得一張價值約

1萬4,000元的傳統航空來回機票，依照我們家的月刷卡金額每2年就能換得1張機票，如果再加上付保險費或幫朋友家人先刷卡累積更快。

反觀消費45萬元如果換成現金回饋最多1.5%，等同於6,750元，要是轉換成其他奇奇怪怪的點數換些小商品或到期被銀行吃掉，累積飛行點數算起來是不是更划得來呢？另外兌換機票部分也可以選擇兌換單程，如果再搭配購買廉價航空機票就能更早達成全家一起出國旅遊的計畫。

撇步2：傳統菜市場快收攤時去買菜

這應該是大家都知道的撇步，只是因為現代人都是下班後才買菜，所以無法到傳統市場去搶便宜。由於新鮮蔬菜在摘下後無法久放，菜販們又不想花錢放在冷藏室，所以通常會在市場快要收攤時將貨物低價出清。我自己就曾經以每顆10元的價錢買到5顆在超商要價70～80元的美生菜。

撇步 3：自己 DIY 修理東西

現在修理師傅不好找，一點點小東西人家也不願意來，所以一些水電修理、家具組裝修護和牆面補漆我都是自己上網路學習並且在購物網站購買零件，不但可以加快修理速度也節省一筆錢。

撇步 4：餐飲自己動手做

現在外食的費用越來越高，如果可以購買當季的蔬菜水果回家料理，不但農藥殘留量少又可以降低食材的費用，如果有沒吃完的餐點還可以讓老婆帶便當或是自己做成下酒菜，既衛生又好吃；飲料的部分，尤其是夏天，我們家都會自己買冬瓜磚或洛神花回家煮成一大瓶放在冰箱。

透過這些實際的案例，我們的孩子也認識到同一個商品在不同賣場有不同的價格，自己 DIY 做的食品又跟外面賣的成本相差多少。

破框人生思維

關於省錢機票的方式我想向大家推薦使用網站 Sky-scanner，這個網站可以幫你整理出計畫旅行期間最便宜的機票組合及時間配置，大大縮短自己去各家航空公司搜尋安排的時間。

日本旅行的部分，我自己習慣訂日本最大的平價連鎖旅館：東橫 INN。雖然稱不上豪華但價格樸實，設備乾淨簡單，最重要的是還有提供早餐，再加上加入會員可以獲得每住宿 10 晚贈送 1 晚的福利，一向是我們家的首選。

至於旅行票券部分，國人大部分都會選擇 KKday 或 Klook，但其實 Agoda 也有賣同樣的票券並且在價格上更優惠，無論你使用哪一家，記得再搭配 ShopBack 的現金回饋，還能省下一筆小錢。

5-4
退休理財只求穩
打造低波動的被動收入

退休後由於我有家庭現金支出的需求，所以必須選擇有現金收入的投資方式，並且因為投入的金額較大所以「波動低」的特性也會是我選擇投資商品的首要條件。當然低風險代表低報酬率，這部分也是大家要自己考量的。

當有朋友叫我分享投資理財心法，我都會這麼形容：「我的方法獲利不高，而且超級無聊沒幾分鐘就講完了，投資的商品波動就跟心跳停止的心電圖一樣，幾乎永遠都是一直線。」所以當別人很緊張地跟我說今天

股市大跌 1,000 點，我的反應就是「喔。」股市創下波段新高，我的反應還是「喔。」基本上都跟我沒有關係。以下是離開職場時我所做的投資抉擇。

危機入市日本房地產

2011 年，我不再投資股市後手上慢慢累積了一筆錢，當時出現了 2 個投資機會，第一個是投資大陸重慶的房地產，大陸大西部開發計畫後，許多筆記型電腦組裝廠紛紛移往重慶，身為供應商的我們也設了一個新工廠。當時投資十分熱絡，常駐當地的台幹就建議我可以在當地買一套房子出租當作投資用，我還記得建商就是現在已經倒閉的恆大地產。

另一個機會則是同學介紹我去買東京的小套房，當時我在網路及書籍中得知由於日本經濟已經失落 30 年，絕大部分的日本民眾都不敢再買房，不過租金報酬率倒是相當不錯。當時我是這樣想的：與其跟別人說我在大陸有房子，倒不如在東京有間房子可以炫耀一下，此外兩岸如果有個萬一，我在海外至少還有個落腳處，於是

我將目光轉向了日本。

過了不久,發生了日本史上最有名的311大地震,福島第一核電廠因為地震影響發生事故,地震威力之大連遠在幾百公里外的東京鐵塔都受到影響。核電廠發生事故後,有專家指出洩漏的輻射粉塵可能飄向東京,甚至有人已經提出日本需要遷都的建議。

當時我們看上一個小套房物件,或許是因為恐慌的關係,開價低於市場行情,即使後來我用低於市場行情的租金出租,完稅後日圓年報酬仍有8.9%,是現在根本無法想像的報酬率。當下我自己判斷東京不可能會遷都,因為一個國家所有的有錢人都集中住在首都,一旦遷都,首都房地產都將下跌,這擺明就是要跟全國有錢人為敵,因此果斷決定買進。

在租金定價方面,仲介朋友給我的建議是,**利用低於市場行情的租金搭配較高的租屋條件尋找長期穩定的租戶**。因此原本市場上有機會租到10萬日圓的租金,我只出價近8萬日圓,但有幾項附加條件:(1)最少2年約、不接受短期;(2)只租給日本人;(3)租戶必須為我的

房子買保險並且由工作的公司做擔保。

會做這樣設定的理由，主要是為了減少中間租戶轉換的閒置期以及房屋修繕的費用。因為非日本人一般住幾年就會因為工作轉換或完成學業離開，產生閒置期，中間要整理房子又要找新房客會浪費好幾個月的資金。

日本的房屋修繕費用很高，要租給下一個租戶之前幾乎要把房子翻新一遍，我的朋友將房子租給素質不好的人後，回收時幾乎慘不忍睹，後來幾乎花了房價的 20%～30% 才把房子重新裝潢好，此外由工作的公司做擔保更能確保租金不會有拖欠的情況。

目前因為台幣對日圓匯率跟我當時買時差很多，投資報酬率轉換成台幣後減少不少，不過因為 COVID-19 期間無法將日圓拿回，所以就一直留在日本繼續做其他的投資，此外這幾年由於前首相安倍的「3 隻箭政策」，使得外資大舉進軍日本，再加上東京舉辦奧運使得房地產不斷上漲，目前小套房在市場上價格已經漲了一倍，算是很幸運的投資。

投資低波動台灣特別股

特別股是股票的一種,可以直接在股票市場中買賣,結合了股票與債券的性質。發行時會公告配息率同時也附有買回機制,一般會設定幾年後有權以發行價買回特別股。

與普通股不同的地方包含以下 3 點:(1)享有固定配息;(2)享有優先發放股利的權利;(3)公司倒閉時相較普通股股東可以優先拿到清算的錢,不過開股東會議時,特別股股東通常沒有表決的權利。

截至 2025 年 2 月為止,目前台灣的特別股共有 28 幾檔,其中以金融業和傳產業居多,金融股配息率從最低 3%(富邦金丙特,代號 2881C)到最高 5.26%(聯邦銀甲特,代號 2838A)都是台幣定存的好幾倍。

台灣金融股因為採特許制被政府高度監管所以安全性較高,民眾和企業對於金融有長期需求所以可取代性低。一般金融業大多有穩健的基本面,但仍有經營績效不好的公司還是要慎選。此外金融特別股還具有以下特性:

賽道之外

圖表 5-4-1　台灣金融股特別股

股票代號	名稱	發行價格（元）	約定利率（%）	發行日期	滿期收回日（可不回收）	最短回收期限（年）	備註
2836A	高雄銀甲特	25	3.1	2021/01/12	2026/07/12	5.5	
2838A	聯邦銀甲特	50	5.26	2023/04/24	2028/10/24	5.5	2023年利率重設
2881A	富邦特	60	4.58	2024/04/22	2031/04/22	7	2024年利率重設
2881B	富邦金乙特	60	4.465	2025/03/17	2032/03/17	7	2025年利率重設
2881C	富邦金丙特	60	3	2021/10/26	2028/10/26	7	
2882A	國泰特	60	4.21	2023/12/08	2030/12/08	7	2023年利率重設
2882B	國泰金乙特	60	3.55	2018/06/27	2025/06/27	7	
2883B	凱基金乙特	10	3.55	2021/12/30	2028/12/30	7	2023年不配發股息
2887E	台新戊特	50	4.87	2024/12/28	2031/12/28	7	2024年利率重設
2887F	台新戊特二	50	3.8	2018/11/30	2025/11/30	7	
2887Z1	台新己特	17.65	3.7	2022/07/26	2032/07/26	10	
2888A	新光金甲特	45	3.8	2019/09/27	2026/09/27	7	2023年不配發股息
2888B	新光金乙特	45	4	2020/09/01	2027/09/01	7	2023年不配發股息
2891B	中信金乙特	60	4.66	2024/12/25	2031/12/25	7	2024年利率重設
2891C	中信金丙特	60	3.2	2019/04/03	2026/04/03	7	
2897B	王道銀乙特	10	4.5	2024/09/30	2030/03/30	5.5	

1. 公開發行買賣容易且配息門檻低

我們常常遇到不明的 LINE 群組邀請或親友推薦的高配息產品，例如 2023 年發生的澳豐基金詐騙案，這起詐騙布局超過 20 年，我幾個朋友也都是受害者。這些沒有在台灣註冊的公司即使配息率再高也不可以列為投資標的，反觀特別股具有股票代號，每天的交易資訊都清楚顯示、公開透明。

另外目前金融股特別股所約定的股利占公司盈餘比例很低，除非是整家公司不賺錢或特殊情況，否則每年配息幾乎是一定會發放。

2. 股價波動小 投資大金額讓人安心

對於退休族來說，因為擁有人生最高峰的資產，所以當資產波動大時相對金額也會特別大。舉例來說，年輕時投資股市可能把停損點設在 20%，投資 100 萬元可以在損失 20 萬元時認賠殺出，這些錢算一算可能是幾個月的薪水，後面可以再賺。

但年老時如果投入股市 1,000 萬元，20% 就是 200

萬元，即使知道股市長期是會向上，但因為已經沒有工作能力可以再賺錢，對於年老的心臟無形中增加了不少的壓力。我們以聯邦銀甲特為例，2017年發行、票面價格50元、約定利率4.8%，約定期間5.5年。

從圖表5-4-2可以看到，在這5.5年間股價最高到達55.5元，漲幅為（55.5－50）÷50＝11%，股價最低約49元跌幅為（50－49）÷50＝2%，然而這部分卻可以不計，因為5.5年期限到期如果沒有重設利率繼續延續，聯邦銀行將會以發行價50元向投資人收回；反之，

圖表 5-4-2 聯邦銀甲特（2838A）股價走勢

資料來源：CMoney法人投資決策系統
資料時間：2017/12/01～2024/11/29

如果當初是溢價買的萬一銀行收回也會是損失喔！

讓我們來試算，假設不小心買到最高點 55.5 元，那每年的現金殖利率又會是多少呢？50×4.8%÷55.5×100 ≒ 4.3%，原本 4.8% 縮小為 4.3% 差了 0.5%，如果金額不大似乎感受不太出來。

另外舉台新戊特（2887E）為例，2017 年發行、票面價格 50 元、約定利率 4.75%，約定期間 7 年。從圖表 5-4-3 中可以看到，在這 7 年間股價最高到達 56.5 元，現金殖利率為 50×4.75%÷56.5×100 = 4.2%。股價最

圖表 5-4-3　台新戊特（2887E）股價走勢

資料來源：CMoney 法人投資決策系統
資料時間：2017/02/10 ～ 2025/02/10

低約 47 元跌幅為（50 － 47）÷50 ＝ 6%，然而這部分卻可以不計。因為 7 年期限到期如果沒有重設利率繼續延續，台新金控將會以發行價 50 元向投資人收回。

由前面這兩支金融特別股的漲跌幅可以發現，相對於普通股股價，特別股波動十分平穩對於不喜歡波動的退休族或許是個安心過生活的選擇。

3. 籌碼面相對穩定 持股集中在法人

金融特別股的股東大多來自金融機構、退休基金及特定法人，相對於普通股股東的組成大部分來自於散戶及外資，在籌碼的掌握上穩定許多。

4. 穩定配息 浮動利率調整不怕升息影響

由於許多退休基金或壽險公司將特別股列為創造經常性受益以長期收息為主，非短線交易，所以通常買入後就持續持有並不會進行買賣，因此在股價上十分穩定。

另外，一般特別股約定期間大都為 5.5 年或 7 年屬

於中短期債券,在期滿後可以進行利率的調整,所以比較不會受到市場上短期利率的波動影響。以聯邦銀甲特為例,在 2023 年到期後因為政府在近幾年開始升息,所以聯邦銀甲特也依照發行計算公式將原本的約定利率 4.8% 重設為 5.26%,台新戊特則是由原本的 4.75% 重設為 4.87%。

任何投資一定有風險,但只要事先做好功課就可以輕鬆避開:

- **信用風險**:任何公司經營虧損一定會影響股利的發放即使是特別股也一樣,所以選擇時一定要先研究公司體質以及沒發股息的原因。特別是股價低於票面價格的公司,千萬不要以為自己撿到便宜還可以賺到差價,這個市場法人都在關注,有這種好事輪不到我們這些散戶。
- **流動性風險**:特別股的每日成交量不大,如果臨時有巨大資金需求可能會遇到賣不掉的情況,解決問題的方式是分散持有特別股。依照我自己這幾年的觀察除

非是一、兩天內要變現幾百萬元,否則依散戶持有數量應該不會有這個問題。

另外,在某些特別股的發行條款中會有規定,特別股股東可於轉換期間內申請將特別股以 1:1 比例轉換為該公司的普通股。目前台灣發行特別股中有這項規定有中鋼特(2002A)、王道銀乙特(2897B),另外還有已經於 2023 年下市的光隆甲特。

2018 年發行的光隆甲特發行價 50 元、約定利率為 5%,到期日為 2023 年 12 月 20 日。2022 年 8 月起由於光隆紡織公司業績大好普通股股價開始起漲,從原本 30 幾元的股價開始上漲,8 月底時股價已經逼近特別股發行價。

在超過 50 元後特別股的股價開始與普通股同步,我偶然發現這個情況開始關注股價的發展,之後公司宣布特別股股東可以選擇將手上特別股轉換為普通股。我在普通股股價來到約 60 元時將特別股全部出清獲利超過 20%,提前獲得 4 年的股利。後續由於在外流通股數

不足，光隆甲特最終於 2023 年 7 月宣布結束下市。

此外，因為有過去投資個股的慘痛經驗，我決定跟著大盤的漲跌改選用指數化投資作為投資工具，並利用美國券商 IB（Interactive Broker）購買股票型 ETF，例如 VTI 整體股市 ETF 和 VXUS 總體國際股票 ETF，以及 VGIT 中期公債 ETF 和 BWX 彭博國際政府債券 ETF 作為股債平衡的投資組合。

由於使用美國券商 IB 也可以直接參與日本股市，所以我將日本小套房所收到的租金繼續投資日本的 REITs（不動產投資信託）每年約有 3%～4% 收益，多少彌補了些日圓匯差損失。

破框人生思維

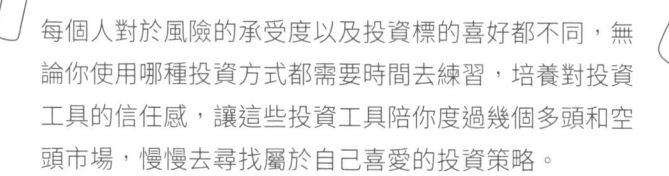

每個人對於風險的承受度以及投資標的喜好都不同，無論你使用哪種投資方式都需要時間去練習，培養對投資工具的信任感，讓這些投資工具陪你度過幾個多頭和空頭市場，慢慢去尋找屬於自己喜愛的投資策略。

Chapter

6

人生不設限
活出你想要的樣子

不得不說，我確實是一個幸運兒，因為在人生的幾個重要關鍵點做了冒險，又搭上產業順風順水的發展，才得以在 39 歲時以總經理兼合夥人的職稱離開職場。現在的我已經離開職場 10 年了，或許有些人會好奇這麼早就退休的人究竟過著怎樣的生活？是環遊世界、吃遍各地美食，還是買了名車、住豪宅呢？

　　如果以上是你想像的退休人生，那我恐怕要讓你失望了。但另一方面來說，我卻因為花更多時間與家人在一起，允許自己冒更大的險、幫助更多人，經歷更精彩豐盛的人生。希望藉由我這幾年的經歷分享，能提供給準備退休的人不同選擇的方向。

6-1

陪著孩子一起
重新長大

我擔任公司總經理時是 32 歲，當時我的股東們大都是 45～55 歲之間的大哥大姊，在許多聚會中總會聽他們聊到因為自己年輕的時候花了很多時間在衝刺事業，小孩都請別人幫忙帶，漸漸地孩子長大度過了青春期後到現在，翻開相本才發現以前跟孩子的生活記憶很少。現在想說未來讓他們到公司來接班，才發現根本不知道他們會什麼技能、對怎樣的工作有興趣。

偶然我有機會跟他們孩子聊聊才發現因為雙方長時間沒生活在一起，孩子跟父母對於工作的期望和型態相

差甚遠。我們公司就是傳統產業從事印刷和塑膠射出的工廠,但孩子希望走的路可能是八竿子打不著的網路行銷業。

更有一些孩子正處於青春叛逆期,經常跟我這些股東大哥大姊們發生口角,有時會不經意從他們口中聽到這句話:「賺了這麼多錢還不如把它捐出去,人家還會跟你說謝謝。」另一位股東大姊形容得更是貼切,她說:「我跟我兒子的關係就像是房東和房客。我不但收不到租金還要免費提供三餐,結果換來的卻是,人一進家門連聲招呼都不打就進去房間。」

這些股東大哥大姊和孩子的生活故事在我心中留下深刻的印象。當時我的工作需要兩岸三地到處飛,光是例行性巡視 3 家工廠跟股東們聯絡感情,就必須花上 1 週才能回得了台灣,有次客戶要求我去大陸工廠跟他一起試模具,原本預計是待 1 週,後來整整待在大陸工廠 3 週的時間才完成。

幸好當時小孩還小,老婆體諒且有保母的幫忙,要是再大一點老婆勢必會跳腳,所以當我決定離開職場後

即使還沒有未來的規劃，我第一個想到的就是希望多一點時間陪陪小孩，因為依照我對於事業積極的個性，一旦有了往後的職場規劃，小孩勢必會成為我捨棄的對象。

體驗帶小孩的崩潰

2013 年女兒出生，兒子剛剛進到幼兒園，當時我正在離職交接中，因為我是股東身分所以跟股東們約定到年底才離開，以方便計算退股及股東權益。當時兒子晚上都是由媽媽陪伴睡覺，所以老婆生產前我們已經向兒子預告會有妹妹的到來，以及媽媽會離開一陣子去住月子中心，但 2 歲多的兒子似乎完全無法理解這些情況。

我特別跟公司請假一週以便在白天去月子中心陪老婆，但最折磨的時刻就是去幼兒園接完兒子放學夜晚的到來。夜裡兒子失去媽媽的陪伴不斷哭鬧要找媽媽，而兒子似乎有用不完的精力，一哭就可以 2～3 個小時不停，就算是阿公阿嬤來也都無濟於事。特別當時的他已經 2 歲多，就算想要一直抱著哄他，對於成人也是相當大的負擔。

中間我們也曾帶他到月子中心去探望老婆,這一去就不得了,整個人賴在月子中心不願意離開就算了,好不容易被我騙去買他喜歡的麵包,離開途中也會因為突然間想起老婆就死扒著路邊的提款機一把鼻涕一把眼淚就是不回家,搞得我一個大男人硬要拉一個小孩走,超級尷尬。

所以每次探望的過程總是像生離死別,在計程車上一路哭著回家。更難熬的是晚上臨睡前,唯一讓他入眠的方式就是騙他要帶他去找媽媽,然後抱著他不斷地繞著附近國小的圍牆走路,一走就是1個多小時,等到他睡著後再抱著他回家睡覺,每天幾乎都要到晚上11:00才消停。

隔天帶他去上幼兒園又是一場拉鋸,因為前一天睡眠過短,醒來媽媽又沒在身邊,馬上又演出要找媽媽的戲碼。好不容易出門,在幼兒園門口又是情緒崩潰的開始,我只好拜託老師把他抱進去,自己趕快開車離開。第2週情況沒有改善,更難的是我在與兒子夜晚作戰後,隔天還要拖著疲憊的身體去上班。

那兩週因為長時間抱著兒子，我的手和腰因此受傷，一連好幾個馬拉松賽事都以棄賽收場。在心理上我再度遇到了人生久違的無力感，我已經想不起來最近一次遇到這種挫折是什麼時候，畢竟當時的我可是數百人公司的總經理、電子供應鏈的指定廠商，經歷過經營事業的大風大浪，但這些人生勝利組的頭銜和能力完全在這個時候幫不上忙。

過程中自己感受到更多的是對兒子的生氣，進而轉向對自己的自責和無能的情緒，我突然意識到，即使我有再多的時間可以陪小孩，也永遠無法取代媽媽在孩子心目中的重要性。要照顧一個孩子真的需要付出極大的耐心和心力，媽媽們對於孩子無止境的關心真的很偉大，也正因為我對於兒子的狀況難以招架才會讓我在對孩子的教育上希望有更多的了解。

遇見華德福教育

28歲後的我陸續上過許多自我探索的課程，這些課程在我經營企業過程給予了許多支持和幫助，所以我一

直在尋找是否有一種教育是可以更貼近人的身心發展。在我的心中一直覺得，**唯有了解自己、願意在自己身上下功夫才不枉費來到這個地球生活。**

我認為人的成功並不一定是透過讀好的大學、研究所、進到好公司、賺大錢才是一生的成就，至少在我的身上就不是這樣的過程。

當時我有一群朋友因為華德福教育從台北搬到了宜蘭，他們這些舉動引起我很大的好奇心，到底這個教育是有怎樣的魔力才會讓他們舉家進行島內移民。所以我開始走訪華德福幼兒園想了解原因，伊地馬幼兒園是我拜訪的最後一家幼兒園，還記得跟園長張清英老師約在某個上學日的放學後，印象中校園就是老舊的木頭組成的屋子，門旁邊有個小沙坑，大門進去右手邊有給小孩爬的木頭和繩索，屋子裡面擺了許多自己做的娃娃、種子和木頭教具。

第一次見面張清英老師就先請我喝杯茶，然後開始介紹什麼是華德福教育以及他們這裡是如何運作的，例如華德福教育在 7 年級之前是禁止接觸 3C 產品因為這

會破壞孩子的感官，在幼兒園裡都是吃有機食物，實施混齡教學，每週會有兩次長途走路，從他們幼兒園走路到大安森林公園來回約 3 公里等。

突然清英老師唱起了歌並且吟唱自己寫的詩句手舞足蹈了起來，這著實讓我嚇了一跳，在一個陌生人的面前她居然可以很自在地做自己，我感受到她身上的自信和真實，並且明白在這個環境裡要學習的不是讀書寫字而是看著老師們是如何在現實環境中生活。

清英老師說：「在她的幼兒園裡沒有噹噹噹的上下課鐘聲，也沒有大聲的吼叫要求孩子集合，取而代之的是老師們唱的歌。現實生活裡不單單只有紀律也有規律，建立好規律孩子就知道該往哪裡走。那天我突然發現另一種教育的可能性。」

在經過幾次面談後我們終於可以進到幼兒園就讀，原本以為跟小時候一樣是 9 月一大群孩子入學，沒有想到入學的方式也有所不同，是採取一個一個小孩陸續進去幼兒園。這樣做的理由是為了穩定整個系統，因為剛進去的小孩多少都有接觸 3C 產品，到了這裡他們就必

須重新適應觀察其他的孩子在沒有 3C 的狀況下都在做什麼，然後漸漸同化以保持系統的穩定。這樣的環境塑造即使我們搬到宜蘭就讀國中小，整個學校還是維持這樣的氛圍，連 3C 上常播的卡通也不會出現，不會看見有孩子或家長穿著有卡通圖案的衣服，這就是社群團結的力量。

兒子一開始第一天只去 20 分鐘，然後 30 分鐘，再隔天 1 小時，然後待到吃完午餐，重要的關卡是中午睡午覺，大約 1 週半後才開始讀整天；妹妹則是 1 週就能讀整天，視孩子的狀況而定。為了讓孩子漸漸脫離巧虎、海綿寶寶的生活，每次老師看到孩子穿有卡通圖案的衣服就會將衣服內外反過來給孩子重新穿上，而我們也盡快淘汰掉這些衣服並且將家裡的兩台電視送給別人。

某次下雨天剛好是學校每週要走路來回 3 公里的日子，我看著一些大班的孩子穿著雨衣手牽著小班的孩子正準備出門，我好奇的問了園長：「下雨天還是要外出健行沒有改成室內活動嗎？」園長回答：「農夫有因為下雨就不去耕作？你有因為下雨而不去上班嗎？」我一

時語塞,後來我才明白去適應各種氣候帶給人的不舒服也是教育的一部分,而這樣的精神完全體現在整個華德福教育體系裡,從國小三年級開始種稻、騎單車遊花東、野營、登玉山等,除了安全考量外天氣好壞從來都不會成為阻礙孩子們前進的因素。

創意來自於空白

孩子在上華德福小學低年段時每天都是下午 1:30 下課,我會很好奇地問他今天有回家功課嗎?他回答說沒有。我以為是剛開學所以沒有功課,就由著他自己在那邊玩玩木頭玩玩沙,整整兩個星期下來完全沒看到他做有關學校的事情,我深怕是這個小孩忘了或漏掉,心想剛好過幾天就是班親會,到時就順便問一下老師。

班親會當天我問了老師這個問題,老師的回答是上半天學生已經吸收了許多知識,他們需要時間在心中內化吸收,我說:「可是孩子看起來好像很無聊,都在那邊用木頭當作假人在演戲。」老師回答:「過去我們總是不斷餵養知識給孩子,卻忽略其實學習就像蠶寶寶吃

東西一樣，我們必須留下一點空白的時間讓他們吸收。」

蠶吃了桑葉消化後吐出屬於自己的絲，一直接收知識卻沒消化產出，只是不斷複製貼上，最後只是塞進去一些不屬於自己的東西，時間一久不屬於自己的東西很容易就會排出。這讓我突然想起自己在國中時期對於數學就是這種狀況，明明我還搞不懂整個原理是什麼，新的考試、新的課程進度源源不斷進來，再加上補習班的超前部署進度永遠比學校快，搞得我只好抄捷徑先學會如何解題以應付考試，也因此只要考試題目稍微靈活一點我的成績就一落千丈，因為我只會解題型，退回到原理再出發的題目我完全沒轍。

老師繼續說，其實透過寫作、演講、教學都是一種內化過程，這 3 種方式的共通點就是我們必須先搞懂這個東西是什麼，內化後透過自己的表達方式傳達給對方。其中，教學除了自己要搞懂還要考慮到如何用對方能夠理解的方式，舉出實例甚至設想對方會問的問題，這才是吸收知識的最高境界。

開啟飛航模式讓我們跟孩子更親近

不知道你有沒有嫌棄過另一伴在陪伴孩子時同時用手機看劇、打遊戲，我們的身體似乎陪伴著孩子、和他們處在同一個空間，不過靈魂卻不知道飛到哪裡去，就連孩子叫我們時也只是「嗯嗯」的回答著。有朋友很羨慕去年六年級的兒子願意和我一起騎腳踏車去花東 4 天 3 夜，他說如果是他真的不知道要如何跟兒子相處那麼久，而且孩子也不見得願意跟他一起去。有誰知道這一切是來自於我日積月累的陪伴。

有品質的陪伴是建立信任的開始

我明白並不是每個人都像我是家庭主夫，可能需要手機來做人際的互動和工作，但我們的孩子絕對值得讓我們把手機暫時調到飛航模式隔絕外界的干擾。既然全世界最重要的人已經在我們面前，還有什麼是我們需要在意的呢？

從 10 分鐘開始建立你跟孩子的承諾和信任

一開始我們可以跟孩子約定 10 分鐘全心全意地陪伴，斷絕電話也不收訊息，即使孩子只是在那邊發呆、看書，我們都把眼光放在他們身上，一次又一次增加時間，慢慢的建立和孩子的信任，自己也能慢慢脫離手機 3C 的掌握，讓眼睛休息一下。

善用鬧鐘做好時間管理

即使是我的孩子已經上國中，他依舊對時間沒有概念，常常不是玩過頭耽誤了原本計畫要做的事，就是選擇先玩導致該做的功課草草結束，所以當我陪伴孩子時，如果真的有時間上的壓力我一定會用鬧鐘來管理時間，例如跟孩子約定 30 分鐘，就設定一個 30 分鐘的倒數計時器，時間到鬧鐘就響，此時孩子就明白時間已經到了爸爸需要去做其他的事，如果只是用看時鐘的方式常常會閃神就錯過了時間，另外這個方式也可以解決孩子們之間要輪流使用器具或玩具的紛爭。

如果父母和孩子都已經淪陷在 3C 的世界裡了怎麼

辦呢？這讓我想起有人曾經說這樣一句話：「這輩子你無法改變任何人，只能改變自己」，如果要創造更美好的親子關係就必須由父母先以身作則。

孩子長大的過程只有一次

如果讓我重新選擇，依舊會選擇搬到宜蘭當個家庭主夫嗎？我的答案是肯定的，因為在這裡可以讓孩子在幼兒的時候過著比較單純沒有太多雜訊的生活。我在這裡也交到一群理念相同的家長朋友，願意島內移民同心協力在人生中選擇創造一個不一樣的教育環境，而這些人也將會是未來陪伴我一起退休的夥伴。

即使兒子現在開始進到青春期的風暴之中，對於各種事物都看不順眼，但我還是很慶幸他能夠在一個相對安全單純的環境下經歷他的人生，這裡的人們很善良，願意關心別人，會成為他未來飛向更遠地方的基石。

育兒的這幾年雖然有時會覺得辛苦，但晚上看著他們熟睡的臉龐和躺著大字形的睡姿就會覺得自己很有成就感，給了他們一個安穩平安的環境。每次參與他們

賽道之外

的戶外活動，當別的家長只能看小孩的活動照片，我卻可以身歷其境的陪伴他們去度過每一個感動和難過的時刻，說我是這世上最幸運的人也不為過。

當兒子在棒球比賽中投出關鍵性的三振振臂高呼，下場後害羞的跟我擊掌時就能知道他把我當作棒球隊裡的一部分；當女兒在各種慶典因為緊張，眼光開始搜尋父母的身影，我們的出現就是給她最安心的支持。我不懂高深的教育理論但我明白當父母都能活出自己人生的精彩，孩子們就會更有勇氣跟隨父母的腳步前進，而我很幸運能跟著孩子們重新再長大一次。

破框人生思維

我明白並不是每個人都像我一樣可以當個家庭主夫，但我相信我們一定可以想辦法每天擠出 30 分鐘全心全意與我們的家人在一起。開啟飛航模式把最寶貴的時間浪費在家人身上，讓他們知道我們這麼努力都是為了眼前的彼此。

6-2

陪著父母
一起退休

記得有人是這樣計算我們跟父母相處的時間：假設父母剩餘的壽命是 20 年，我們每 2 週回家陪爸媽吃飯 2 小時再加上除夕、初一兩天（每天 7 小時），相處時間就會是 20 年 ×（26 天 ×2 小時 + 2 天 ×7 小時）= 1,320 小時 = 55 天，這就是我們能陪伴父母的時光。

身為一個漂泊異鄉的在外遊子，當我看到這個數字時著實受到了震撼，我以為父母的身體還很健康，和他們在一起的時間還很長，有一天等我更空閒的時候就可

以陪伴他們去旅遊、吃好吃的東西，但在我即將步入40歲時，就開始陸續聽到朋友的父母因病去世的消息，而且有些還是只生病幾天就離開的情況，完全沒有應變的時間，連好好說聲再見的機會都沒有。特別是2020年COVID-19爆發，許多老人家因為感染，很短的時間內就離開了親人。

我爸年輕時是個很有福氣的人，在民國60幾年的年代他就去過歐洲旅行一整個月，在大陸還沒有開放觀光時就自己跑去旅行了半年，我還記得他曾經用DV（錄影機）偷偷拍了敦煌石窟裡面的情況回來給我們看，要知道當時如果被抓到應該會被關很久很久，各大洲幾乎都有他旅行踏過的足跡。

印象最深刻的是，小時候有一次出國他準備了很多假的勞力士手錶和打火機，到尼泊爾跟當地人換了許多虎皮和不知名的古物回來，只是後來家道中落，還債、工作都來不及，出國根本就是不可能的事。大約60歲那年，他因公受傷造成中風，現在左半邊身體基本上無法出力，走路一拐一拐的，出門都必須開著小電動車才

能移動,反觀我媽卻是幾乎沒出過國,典型的台灣媽媽,為了這個家庭無私地做了幾十年的奉獻。

每年一次的家族旅行

或許是我和另一個弟弟都住在外縣市無法在台南陪伴爸媽,所以在我離開職場後就大力促成每年的家族旅行。由於大家都很團結配合,所以通常我在前一年的 10 月就能決定隔年 1～2 月的行程,每次出團都能有十幾個人參加,因為時間決定的早,所以通常都能跟旅行社談個好價錢,甚至好幾年我們都直接選擇在國外過農曆年。我爸因為行動不方便,所以到了景點後通常沒有辦法走路進去參觀,他就會在門口附近小走一下,跟導遊抽菸聊天也就算來過這個景點了。

但我媽的情況卻完全不同,由於她原本就有運動的習慣所以身體很健康,吃東西也不挑、對於新事物接受度高,所以除了疫情那幾年,基本上只要家人有人要出國自由行就一定會出錢出力帶著她去。過去幾年我們帶著她去到東京巨蛋看職棒、去精釀啤酒吧喝酒、京都穿

和服、搭紅眼航班、搭郵輪、到處走走逛逛，在別人眼中她就是個很時髦的老人。

有一次帶媽媽搭郵輪去旅行她跟幾個不認識的老人併桌吃飯，我先去幫她拿食物，回來後就聽到老人們的閒聊，言談中其他的老人們都在聊自己的孩子在國外當醫生、律師、企業家，事業做得有多大。輪到我媽發言時她就講了一句：「這趟旅行是我兒子陪我來的，他常常帶我出國去玩。」現場瞬間鴉雀無聲大約安靜了 10 秒，眾人紛紛改口說：「妳比較好命啦！我兒子賺那麼多錢也不常回來看看阿公阿嬤，還是妳兒子比較孝順。」看來我提早退休還讓我媽相當有面子。

76 歲拿下人生第一個馬拉松冠軍

2023 年回台南過農曆年時，跟我媽聊天才發現，原來每天早上 5 點多她都會跟一位 80 幾歲的老太太一起聊天散步。年初二早上 5 點，我陪著我媽一起散步聊天走了 4 公里，回到家時算算時間花了大約 50 分鐘，我跟她說與其這樣隨意慢慢走不如做一下紀錄才知道一週運動

了幾天,當天晚上我就買了一隻運動手錶給媽媽,還教她如何上網傳輸運動數據,從此之後家族群組裡我媽不再傳長輩早安圖,取而代之的是每天走了多少公里。

　　2024年8月,她在我們的鼓勵下參加了「蘭陽愛88公益路跑」以76歲的高齡完成她人生第一場5公里的馬拉松賽,並拿下70歲女子組第一名,也是她人生第一次在運動項目獲獎。全程我陪著她最多就是快走連跑都沒有,我跟她說如果可以練到10公里下次就帶她去海外跑馬拉松賽。

　　比賽完後回到家,媽媽感嘆地說,退休這麼多年來,人生許多的第一次都是兒子陪她度過,第一次坐遊輪出國旅行、第一次到東京巨蛋看職業棒球賽、第一次到精釀啤酒酒吧喝啤酒、去冰川釣魚等,這一次居然能在馬拉松賽拿到獎盃,是她這輩子從來沒想過的事。所以她最常跟人家說:「要不是我兒子,我今天哪有機會來參加這個。」

　　以前工作繁忙時一連好幾天都不會打電話給爸媽,特別是出差到大陸,大多是背負著重要任務去的,雖然

有時間但心情卻很難放鬆下來跟父母話家常。離職後我自己在心裡設下一個目標，至少每2天要跟他們通一次電話，現在我一有空就會打電話給他們，問他們在做什麼？請他們寄一些台南的美食來給我，而我也會寄一些自己種的水果過去。雖然運費都比東西貴，但就是生活上的小小事讓我們的關心傳達到對方的手上。

偶爾遇到台南親戚嫁娶宴客，我會特別跟老婆商量不帶她和小孩回去，理由是我想從當爸爸的角色放幾天假，回家當我爸媽的兒子，而我兩個弟弟也有相同的默契，那幾天我們就回到小時候，一起去吃小時候喜歡吃的東西，逛逛夜市，看看電影，陪著爸媽過幾天小時候的日子。

你願意用多少時間去相信？

我媽這輩子做最正確的投資就是相信我，雖然她只有國中畢業，但每當跟她分享在生活或事業上的心得時，她總會很專心的聆聽甚至真的去執行。

記得有一次跟她聊到心想事成的力量時，我跟她分

享只要我們全心全意跟宇宙請求，總有一天這個夢想一定會實現。當時我媽問：「那具體要怎麼做呢？」我一時語塞，心想這書上也沒教，但當下我突發奇想地說：「這樣好了，妳把妳的每個願望每天都抄 5 遍在紙上，看看會發生什麼事。」在她寫完之後我還特別偷偷看了一下願望清單，其中一項就是想出國自由行。

幾個月之後我回台南突然跟她聊起這件事情，她說她每天早上起床後就會開始抄寫這些願望，每個都抄 10 遍，我誇獎她做的很棒並且告訴她要帶她去日本自由行的消息，我得意跟我媽說：「妳看我就說這個方法有效吧！」

大約過了 4 年後，偶然我發現在茶几上有幾張寫著密密麻麻的小紙條，仔細一看居然是我媽的願望清單。我問我媽：「妳現在還一直保持每天寫願望的習慣？」她回答說：「是啊！而且絕大部分的願望都實現了。」我當下大吃一驚，心想：天啊！我就是隨便講講，居然有人真的相信了，而且還持續了這麼多年，這份毅力真令人佩服。

賽道之外

我問我媽:「那還有什麼是沒有實現的事呢?」(我心裡想著這個願望我無論如何一定要發揮「鈔能力」完成)我媽說:「你弟弟到現在還是沒有結婚啊!」我:(媽……妳不能許願強迫人家啦!)

> **破框人生思維**
>
> 許多老人家退休後,因為生活失去重心對於新事物漸漸失去興趣,每天過著年復一年重複的生活,心中帶著「人生不過就是這樣」的心態前往人生的終點,此時他們最需要家人們的陪伴,鼓勵他們突破過去人生的框框,勇敢地的去創造人生的新經驗。
>
> 或許只是嘗試新的料理,走不同回家的路線,到不同的國家旅行,藉由一次又一次的進步累積改變的習慣,這一切如果有我們子女的陪伴,他們將會有更多的安全感。小時候爸媽陪伴我們去經歷人生的新體驗,現在也該輪到我們帶他們去冒險了。

6-3

酒量不好的
自釀啤酒達人

在謝文憲（憲哥）的《極限賽局》這本書中有提到，要找到人生的意義並不是件容易的事，你費盡心力想要去尋找它卻發現往往是在無心插柳之中出現。有時只是因為單純覺得某件事好玩、有意思，就不知不覺投入其中。

一開始可能只是幸運地得到一點小成功，在陸陸續續得到更多的成功後，你決定挑戰更大的舞台，為的不是揚名立萬而是單純的想知道自己的極限在哪裡，可以利用這份天賦為自己的社群或國家做些什麼。

賽道之外

不知道大家對於一位啤酒愛好者的刻板印象是什麼？我自己的刻板印象是酒量極好，一次至少能喝一手，身材微胖挺著啤酒肚、走路晃來晃去的中年大叔。很顯然，我不但跟這個形象差得十萬八千里，同時 3 罐啤酒就可以讓我倒地不起，偏偏這樣的我卻是兩岸三地的自釀啤酒冠軍[10]、BJCP（Beer Judge Certification Program，啤酒評審認證協會）啤酒裁判、啤酒專欄作家、自釀比賽舉辦者、自釀啤酒課程講師。

這一切的因緣來自於一次宜蘭的旅行。當時我們正因為華德福教育準備規劃舉家搬到宜蘭，此時宜蘭的朋友提醒我，已經休息兩、三年了，搬到宜蘭後是不是該找事情做，做個小生意或發展新事業什麼都好，老是在家帶小孩感覺浪費了我的才能。

於是某個機緣下，我和朋友一起參觀了宜蘭員山鄉新開的精釀啤酒廠。當時這家酒廠剛開幾個月客人也不多，恰好老闆是個年輕人，原本因為興趣在美國釀啤酒

---

10. 2016 ～ 2023 年共獲得 28 座獎，最高紀錄 1 年在兩岸三地獲得 12 座獎，至今無人能破。

後來在父親的支持下開了酒廠。當天我們在他的酒廠開心的享用了各式各樣的啤酒，當我聽到啤酒居然可以自己釀，一瞬間讓我昏昏沉沉的眼睛為之一亮，回到家立刻上網找課程上課，從此開啟了我的自釀啤酒人生。

在知識的沙漠裡土法煉鋼

2002 年，台灣為了加入世界貿易組織（WTO）開放民間釀酒，與此同時台灣也開始解禁家庭釀酒（Home brewing），有些自釀啤酒愛好者開始成立協會推廣這項活動。

除了每年舉辦台灣自釀啤酒大賽[11]外，也在臉書上成立粉絲專頁（自釀啤酒狂熱份子俱樂部 － Home Brew Maniacs），讓愛好者們可以有交流的平台。由於玩家們一般都不考慮量產時的成本，會用上最好的材料和設備，所以常常會在比賽中喝到令人驚豔的啤酒。

一般來說，釀一款簡單配方的啤酒流程是這樣的：

---

11. 每年舉辦一次，為台灣自釀啤酒比賽的年度最大賽事。

賽道之外

我們會花大約半天的時間做糖化以及煮沸的流程,簡單來說就是將粉碎過的麥芽泡在一定溫度的水一段時間,之後將麥芽拿出再進行煮沸,期間會加入啤酒花增加香氣並達到防腐的效果。接下來將麥汁冷卻後放入發酵桶加入酵母進行為期3週的發酵期。早期因為沒有中文書籍可以參考到底要發酵多久,所以有人說只要大約2～3天就可以,有人說2週就可以完成,甚至有人說深色啤酒不但要發酵3週還必須陳放幾個月。

當時身為初學者的我根本搞不清楚,急性子的我就常常在啤酒發酵期間跑去打開發酵桶,試試裡面的味道,這樣的行為就好像是小時侯煮飯一樣,不斷打開煮飯的鍋蓋反而造成飯煮不熟的狀況,換成自釀啤酒更會造成嚴重的後果,因為不斷地把發酵桶打開容易造成空氣中的雜菌侵入,常常一整桶十幾公升的啤酒直接壞掉,必須整桶倒進馬桶裡作廢。

沒有詳細數據可以記錄,什麼都是「大概」,沒有人可以講出為什麼,出處都是來自經驗或前輩教的,適不適用這個啤酒類型沒人知道。當時台灣並沒有出版

任何有關自釀啤酒的書，所以資訊的來源大都來自於網路，資訊不完整也十分破碎。

德式啤酒的特性放在美式啤酒可能完全不適用，高酒精度啤酒與講究新鮮度的啤酒做法完全不同，每做一隻啤酒，至少都要經過長達 1 個月的等待後才知道味道對不對，有時打開發酵桶，發現味道完全走樣，面對每次十幾公升的啤酒倒進馬桶裡時，真的會人感到心寒沮喪。明明已經很認真了但卻總是摸不著頭緒，像是在充滿迷霧的森林中打轉怎麼也走不出去。

根據美國啤酒裁判協會 BJCP 記錄啤酒類型，大分類就 100 多種，光是比利時就宣稱自己國內的啤酒類型有 2,000 多種，可見這領域的知識含量有多深。歷經將近半年的折磨之後我終於受不了，我無法忍受為什麼同樣的流程做出來的啤酒品質卻是這麼不穩定，雖然偶爾會有佳作出現，但自己卻連做好的原因是什麼都不曉得。跟一些前輩討論過後，我才驚覺原來我的設備精密度不足，各種設備累積起來的誤差完全超過我的想像，得到的數據完全沒有參考性。

賽道之外

再這樣下去怎麼努力也沒用，此時我想起國中老師曾經說過的一句話「要嘛不要做，不然就做到最好」，當下我下定決心不惜重金要將市面上最好的自釀設備統統買回家。有了所有自釀玩家夢想中的夢幻逸品之後，接下來就是要不斷地釀造累積經驗，透過大量喝不同類型的啤酒，我想找到自己想要專注釀造的啤酒類型，如同我前面所述，啤酒種類多到一輩子都喝不完所以必須讓自己聚焦，否則每次光嘗試就產出 10 ～ 15 公升的啤酒可是很可怕的事。

自律加上紀律是獲獎的關鍵

某次釀造風味複雜的比利時啤酒期間，我依舊不改心急的毛病時常去打開發酵桶聞聞味道。發酵期過 2 週後就開始發現味道怪怪的似乎又有要變質的跡象，此時我心想：糟糕，可能已經造成雜菌的感染，此時不如再加入新的酵母進去或許有機會能壓抑雜菌，反正只能死馬當活馬醫，只要酒不發臭我都可以接受。

打開冰箱剛好還有一包酵母，我連標示都沒看清楚

就直接往發酵桶裡丟,幾天過後朋友剛好要前往大陸參加「大師杯」[12]廈門站自釀比賽,問我要不要也參一腳,我打開了一瓶試試後覺得味道還不錯,就拿這個作品去參賽。

一週後接到通知,居然得到比利時組第 2 名,我高興地跳了起來發臉書公告天下,打電話通知老婆、家人,還把剩下的幾瓶啤酒請知心的好朋友們喝了一輪。就在當下大家讚不絕口紛紛恭喜我發展出第二專長,這樣下去以後就可以開酒廠,做品牌再創事業的高峰,突然有人問這酒真的太好喝了,可不可以再準備一批讓更多人嘗嘗呢?

我突然感到頭腦一片空白,畢竟是 1 個多月前做的事,整個製造流程和工程條件完全沒有記錄下來,就連最基本的使用了哪些原物料也無從考察,更何況我還用

---

12. 大師杯全國家釀大賽是大陸業餘自釀啤酒的最高殿堂,資格限制於非酒業工作人員。過去每年會有 5 個分站賽必須取得分站賽的各組前 3 名才有資格進入年度總決賽。目前已經取消分站賽制度而以取得總決賽資格代替,獎項部分只在年度總決賽時頒發。

賽道之外

了兩支酵母，發酵溫度、時間完全沒放在心上，要想成功復刻的機會幾乎等於零。就這樣我刻意再去模仿做了兩次，卻再也做不出那款啤酒的好味道。

此時我意識到，要做出好啤酒必須明白哪些步驟做對，做不好也要找出問題，而這一切的根本就是有紀律的記錄，**再多的創意永遠比不上工作的紀律**。正因為我嚴格執行這項紀律，爾後才能不斷在兩岸三地的自釀比賽中獲獎。

興趣、天賦、態度還是使命？

這大概是我被問過第二多次的問題：「你酒量這麼不好，怎麼釀啤酒這麼厲害呢？還有你的許多技能都是在離開職場後才學會的，怎麼有人可以這麼厲害，一直斜槓然後都還做出成績呢？」

為了回答這個問題我回頭去審視過去自己發展的軌跡，發現其實我有著很清晰的步驟在前往自己想要的目標。以下就以我自釀啤酒來作為分享：

1. 好玩作為引子大量嘗試

台語裡有一個形容詞「齣頭誠濟」，意指一個人花樣很多，常搞些有的沒的，這也是我媽常形容我的一句話。當我看到一些很特別、好玩的事情就會想要去學習或嘗試看看，至今下來也累積了不少經驗，像是：學木工、當電影臨演、學小號、學腹語、獨木舟、粉彩畫、魚式游泳等。

雖然不是每一樣都達到很強的水準，但我覺得這就是創造人生回憶的最佳開頭，想當初也是因為嘗過不同的啤酒味道才引發我對這件事情的興趣。

2. 累積小成功建立自己的自信

經過大量的嘗試後總會有幾項想要更深入學習，接下來我就會開始秀出自己的小成果。可能是開始釀啤酒請親友喝、木工做出櫃子、畫出很漂亮的粉彩畫、錄一段自己吹小號的樣子放上網路。親友們看到後就會很大方地給予鼓勵和肯定，促使自己往更厲害的技能走去，或只是停在這裡成為自己人生回憶的一部分。

賽道之外

　　透過別人的加油鼓勵不斷累積一些小成功,然後再一路挑戰更大的目標。同樣的模式我也運用在孩子的相處上,像是我們有機會去抓娃娃,剛進場我一定會先帶孩子去所謂的新手台,因為是為新手設計所以通常抓到的機會比較高,以此來建立他們的自信心之後再往更難的挑戰。

　　我們可以想想看,當你選擇要投資股票基金時,你會喜歡一直累積成功的基金經理人來幫你管理基金,還是號稱「失敗為成功之母」過去一直失敗的人呢?

3. 態度決定你的精彩

　　在我們決定要往哪一種領域發展時,就必須拿出百分之一百的態度把事情做到最好,無論你想成為很厲害的跑者、能力很強的志工還是社區裡唱歌最好聽的人,在明確的項目或方向上投入,以成為這個領域的意見領袖為目標。

　　以我在自釀啤酒的領域中來說,起初就是專攻釀比利時高酒精度啤酒和德國拉格啤酒,這是因為在評估自

身擁有的設備、對於某些領域較有興趣後所做的決定。

4. 讓更大的夢想來帶領自己

當我開始在自釀賽事得獎後，我把視野放大到兩岸三地的自釀啤酒賽事，此時的我已經不再以個人得獎作為努力的目標，而是想如何成為第一位在兩岸三地都能獲得冠軍的選手，如何讓「台灣」這兩字出現在得獎的名單上。

或許有人會說「我嘗試了許多興趣還是沒有找到自己喜歡的」，我的看法是，至少你多了一份精彩的人生體驗啊！像我去上了兩天的風帆課就很清楚這不是我未來想要的，但沒有關係我依舊可以選擇活在當下，好好去享受可能這一生我唯一與風帆接觸的機會，那也是難得的經驗，至於我酒量不好這件事是否有影響到自釀啤酒的過程呢？老實說也已經不重要了。

挑戰兩岸三地自釀啤酒比賽

某次比賽中正好遇到一位在大陸啤酒廠上班的裁

判,他跟我說下個月大陸那邊剛好有比賽問我有沒有興趣,他願意幫我帶酒過去比賽,他自己很期待看到更多台灣自釀選手能在大陸的比賽中獲獎,就這樣我開始擴大自己的視野,將目標轉向到兩岸三地的自釀比賽。

有了那次別人幫忙帶酒去大陸比賽的經驗後,我以為去對岸比賽就跟在台灣一樣的容易,等到自己要操作才發現困難重重。

首先,由於參賽的啤酒瓶身只能貼上參賽標籤並沒有任何的出廠標示或製造公司,對於快遞公司來說這貨品屬於不明液體拒絕承攬。我心想,既然沒有辦法用快遞運送那難道以前都沒台灣人去大陸比賽過嗎?我隨即打電話給上次幫我帶酒過去對岸比賽的裁判,問他當初是怎麼帶過去的,結果他的回答是因為他剛好要收假回大陸所以就放在行李箱託運。隨後我又問:「記得每人可以帶的酒是 2 公升,所以萬一被海關查到不就要倒掉了?」他回答:「是啊!所以我只幫你帶而已其他人都沒有,容量剛好沒超過,而且比賽地點就在我工作的城市運送也方便。」

為了克服這個困難，我特別拜託在大陸工作的台商朋友以及開飛機的機長朋友，請他們在往返兩岸的時候帶我的酒過去比賽，在此要特別謝謝吳哲瑋以及吳明哲兩位大哥那幾年不厭其煩的不斷幫我忙。

　　但即使解決了這個問題，另一個比賽上的難題也隨之出現：當時的大陸並沒有給個人使用的冷藏配送。可能是我們住在台灣便利慣了，對於超商提供的冷藏配送習以為常，可是當有一次我親自從台灣帶啤酒過去後才發現，原來當時大陸的冷藏配送服務只跟企業配合，個人的部分就只是幫你放個保冷冰塊在裡面就完事。

　　啤酒對於儲存溫度十分要求，特別是啤酒花放很多的啤酒，一旦遇到高溫就會造成氧化的風味，在比賽上相當不利，所以我在應對大陸的比賽時都特別會考慮溫度因素，夏天比賽以比利時高酒精類型啤酒為主，冬天就釀德式拉格啤酒，美式啤酒就完全不考慮用。用這樣的方式去盡量減少環境對於啤酒的損害，並在自己的釀造工藝上下更大的功夫。

如果周圍只有你做得到 那就是使命

有一次朋友問我:「你得了很多獎一定賺了不少獎金?」我回答:「什麼都沒有,就只有一些獎牌和獎狀。」朋友聽後突然睜大了眼睛,他說:「所以那些機票、食宿、報名費、材料費都是自己出錢?你是傻瓜嗎?」我回答:「沒錯,而且還不保證一定會得獎喔!」

對於對岸一些地區性比賽,我參賽的方式就是拜託朋友帶兩支作品去大陸比賽或許還有獲獎的希望,但如果是全國性的比賽那就得要精銳盡出了。所以對於對岸的大型比賽我就會選擇自己帶酒過去,但酒類的攜帶規定怎麼辦?香港的裁判朋友給我出了一個主意,他說啤酒在香港屬於低酒精沒有課稅的問題,所以允許大量攜帶進香港,進到香港後再搭車到深圳將啤酒寄到比賽地,因為香港和深圳同屬一國同樣沒有關稅的問題。

就這樣每遇到這種大比賽我就自己搭飛機將啤酒搬過去參加比賽,每次行李箱裡都裝滿了啤酒,加上保冷冰塊和防撞泡棉每次都是拉了十幾公斤重量上飛機。

或許就是這些傻瓜的行為感染到朋友,越來越多人

主動問我需不需要幫忙，甚至還有一位朋友利用去美國出差的機會幫我帶作品去參加比賽，雖然沒有得獎但也創下第一位台灣人這樣做的紀錄。

偶而有人在對岸自釀比賽得獎發布到上萬人數的台灣自釀啤酒社團時，網路上大家無不是歡欣鼓舞、振奮人心，畢竟能在一個十幾億人口競爭激烈的全國性比賽獲獎是多麼不容易的一件事，尤其是每年一度的「上海全國家釀大賽」[13]和「大師杯全國家釀大賽」，一個是對岸最高級別自釀比賽，另一個是業餘自釀比賽的最高殿堂。能讓「台灣」這兩字出現在得獎名單中對於我們來說是多麼驕傲的一件事。

就當我在對岸得到第二個獎的那個晚上，在我心中冒出一個想法，要是有一個人可以克服所有困難拿下兩岸三地所有自釀比賽的獎項，這樣不但可以創下紀錄，同時也可以讓「台灣」這兩個字在華人的自釀啤酒圈裡閃閃發亮。

---

13. 大陸自釀啤酒賽事最高殿堂，參加資格不限，可以是已經執業的釀酒師或酒業從事人員，唯一規定是必須使用家釀設備釀造。

賽道之外

就在一次自釀聚會中我突然聽到一位自釀的愛好者提到，在台灣參加比賽，每個作品光是材料錢就要上千元，另外報名費也要 400～500 元，如果參加個 2～3 組就要幾千元，對於一個領幾萬元薪水的上班族來說真的吃不消，更別說要出國比賽了。此時我突然意識到，老天給我相對別人更好的條件，是不是更應該做點什麼。

盤點當時的現實條件，我的經濟能力無虞、運送方面有朋友可以幫忙、設備也是當時台灣最好的，並且我還有充分的時間可以投入，種種條件看來我就是當時離目標最近的那個人。於是我在心中下了決心，無論如何我都要站出來努力成為第一個拿下兩岸三地自釀啤酒冠軍的台灣人。

要做就做到最好

為了達成這個目標，我在 2017 年開始參加兩岸三地的自釀啤酒比賽，只要是有賽事幾乎都可以看到我的身影，我不但可以為了買到當時台灣十分缺乏的液態酵母特別飛香港一趟，也可以帶著自己的作品特別開車從

宜蘭到雲林請有經驗的自釀前輩品嘗，只為得到更專業的指導意見。

由於我的努力堅持，我開始在各大賽事嶄露頭角，從 2017 年拿下台灣自釀大賽拉格組冠軍開始，2018 年不但拿下上海全國家釀大賽「高酒精組冠軍／拉格組季軍」並且拿下大陸大師杯年度總決賽「拉格組冠軍、季軍／比利時淡色組亞軍」共 3 座獎，是這項賽事有史以來得獎最多的台灣第一人。

另外，2018 年整年度在兩岸三地共拿下 12 座獎項，目前紀錄依舊是無人能破，在兩岸三地總計生涯累計得獎數高達 28 座獎，依舊是目前的紀錄保持人。雖然得獎次數多了難免會疲乏，但只要能在得獎名單上看到這位選手來自「台灣」我就會感到很開心。

2019 年後我開始寫書寫啤酒專欄並往成為 BJCP 啤酒裁判的路線發展，開始推廣自釀酒課程，並於 2023 及 2024 年開始舉辦自釀啤酒比賽。台灣只有一個人拿冠軍那多無趣，最好人人都能站上凸台分享自己得獎的喜悅。

陳雨德自釀啤酒比賽傲人紀錄

- 第一位在兩岸三地各項自釀啤酒比賽都拿下冠軍的台灣人,生涯累計得獎數高達 28 座獎。
- 2018 年整年度在兩岸三地共拿下 12 座獎項,單一年度獲得最多獎台灣人。
- 2018 年大陸大師杯年度總決賽「拉格組冠軍、季軍／比利時淡色組亞軍」共 3 座獎,是這項賽事有史以來得獎最多的台灣人。

破框人生思維

1. 在你的人生中有過捨我其誰的情況嗎?你是會推自己一把的人還是趕快否認躲開呢?
2. 當你發現自己有機會成為第一個創下紀錄的人,你會毫不猶豫朝目標前進,還是反而會懷疑自己有沒有資格成為那個人呢?

6-4

自我鍛鍊與
公益實現

當我們渴望得到時,我們選擇先付出;當我們渴望友情時,我們選擇先伸出手;當我們渴望愛時,我們選擇先愛別人;當我們渴望社會變更好時,我們選擇成為那個站出來的人。

沒有想到當初只是想有個健康身體的我,會因為運動而讓我的 FIRE 生活充滿意義。從鐵人三項玩家到陪伴視障者跑步、划龍舟、玩三鐵,完成盲人環台為公益而跑活動,再到成為 Podcast 節目主持人和 AED Runner,這一切完全沒有在我的人生藍圖裡,只是每次

賽道之外

機緣的到來我都願意選擇先說：啊不然我來試試。

離開職場後的我因為要照顧兩個小孩才驚覺自己的體力完全不行，經常小孩還在活蹦亂跳我就已經呼呼大睡，所以在離職前就開始練起馬拉松，還在大學同學推坑之下在梅花湖完成了人生第一場半鐵 25.75 公里鐵人賽事。

為了擴大自己的朋友圈和獲得更多訓練的資訊，我加入了「TMAN 鐵人隊」，因為隊友彼此的鼓勵和幫忙，在 10 年內已經完成了 2 場超級鐵人賽 226 公里，數十場馬拉松賽以及各種賽制鐵人賽。成績部分：鐵人賽拿過分組第 4 名，馬拉松賽拿過總 7，單車部分完成過 5 次一日北高 360 公里，2 次雙塔 520 公里以及一日三塔 600 公里，說我是過動兒一點也不為過。這樣的生活不但帶給我健康的身體，同時也給予我規律的退休生活。

主動伸出手 成為視障陪跑員

「視障陪跑請借過！視障陪跑請借過！」2016 夏天早上，在台北大佳河濱公園參加路跑賽的我在擁擠的

賽道上，遠遠就聽到有人邊跑邊喊這句口號，隨著聲音越來越近，原本在賽道上怎麼也擠不開的人群，聽到這句咒語突然間就像是摩西過紅海一般，剎那間人群就往兩邊靠攏清出一條路來，此時我看著一位視障陪跑員帶著視障者，全身散發出光芒經過我的身邊往遠方跑去，當時的我突然心中冒出兩個字：好帥！

根據「中華視障路跑協會」規定，要成為一位合格的視障陪跑員需先參加居家陪跑服務，之後經由團長推薦才會去參加視障陪跑員的講習，講習過後須帶視障朋友參加 5 場馬拉松比賽或是繼續居家陪跑服務達 44 小時，才能成為正式的視障陪跑員。

當時我參加的是中華視障路跑協會中山晨跑團，原本是在成淵高中練跑，後來才轉到大稻埕碼頭團練。陪跑員的工作是義務性質，雖然可以免費參加賽事，可是過程中住宿以及交通費都必須自己負擔。如果要引用一句話來形容視障陪跑員的心情寫照，我覺得謝文憲（憲哥）在《極限賽局》這本書中所寫到的「你的舉手之勞，可能是他人的無能為力」這句話最為貼切。

賽道之外

記得有一次，我發現視障者阿達很久沒來參加路跑團練，我以為他是生病或是不想再參加，所以特別打了電話給他，結果一問才發現，原來他家門口正在修馬路做工程根本出不了門。

他跟我解釋，因為工程的關係許多地方都被圍了起來，跟他之前熟悉的環境特徵完全不一樣，再加上我們的團練是早上 6:00，所以也沒有路人可以引導他穿越那片區域所以才沒有來。這件事讓我印象深刻，沒想到我們習以為常的環境變化，對於視障朋友卻有這麼大的影響。

記得我剛剛當菜鳥陪跑員時就時常鬧出許多笑話，當時我們在台北市成淵高中團練時都會先把外套、包包放在操場的司令台上，再開始跑步繞圈。某次我就帶著視障朋友周昆芳練跑，在完成訓練後我就很熱心地問他說：「昆芳，你包包什麼顏色？我過去幫你拿。」昆芳苦笑地回答說：「我也想知道是什麼顏色。」我聽到回神一下連忙說：「啊，ㄆ勢、ㄆ勢，我忘記你眼睛看不見。」

用一條繩子串起兩個生命

陪跑員和視障朋友之間最遠的距離就是一條30公分的陪跑繩，除此之外，無論是在賽事或生活中兩個人就是命運的共同體。所以上廁所時要問對方需不需要，吃飯時要幫忙夾到對方碗裡，換衣服時要幫對方找一個隱密的地方，當他要跟人家敬酒時還要幫忙找方向，有時想想自己對父母可能都沒這麼好，怎麼就會對他們這麼在乎。

在跑步訓練的時候我很喜歡跟視障朋友聊天，並且問他們許多亂七八糟的問題，例如我就曾問過視障者阿俊：「你會不會怕鬼啊？」我心想，我是因為小時候看了電影、聽到恐怖的音效才從此有這個害怕的記憶，所以很好奇如果是一個從小就失明的人不知道會怎樣回答。結果阿俊很幽默地回答我他不知道鬼長什麼樣子，如果我看見了能不能叫他先跑？我心想，你又看不見想跑哪去啊？

做水電的陪跑員茂忠，他的陪伴經驗更是精彩。他說年輕時因為參加學校服務性社團，所以會陪視障朋友

賽道之外

寫功課也會帶他們出去玩，有一次到了六福村樂園，有位視障者想要玩大怒神，從高空體驗自由落體，當時他們陪伴的規則是陪跑員必須自己先去體驗幾次那項遊樂設施，確保整個過程對於視障者沒有安全疑慮才能陪他們一起玩。

那時他因為年輕也不懂得拒絕，就裝酷硬著頭皮先去坐了 2 次大怒神，等到確認沒有安全顧慮時又再陪他們去坐了 3 次。視障朋友是體驗驚險的感覺了，但他卻被嚇個半死，再也不願意陪他們去遊樂園了。

閉上雙眼用心划龍舟

2018 年因為有朋友剛好在伊甸基金會工作，他跟我提起有沒有可能招集人帶視障朋友一起參加端午節的龍舟賽，當時我問了有划過龍舟的鐵人朋友，才知道划龍舟需要很多次的集體練習並且經常是在平日的早上，志工人數需要高達十幾人。聽到這邊我心就涼了一半，這是要去哪裡找人啊？

抱著姑且一試的心態，我試著在自己所屬的 TMAN

鐵人隊招募志工，很幸運地在女龍隊隊長佩君出面號召和 TMAN 鐵人的團結熱心下，短時間就順利成隊。那些平日沒認真上班，一直偷練的隊員當然是我們的鎖定對象，而教練人選也是透過很多關係才找到關渡勇士的小明教練，當時他已經身兼 4 隊的教練，不過聽到是圓夢計畫就義不容辭地答應幫忙，解了我們的燃眉之急。

因為之前就已經跟視障朋友相處過幾年陪跑的經驗，所以就由我跟鐵人朋友們介紹如何和視障者相處，例如如何導引從捷運站到搭公車去練習場地，盡量固定帶幾位視障朋友以增加他們的熟悉感和安全感。過程中鐵人朋友很細心，在行走中不斷提醒視障朋友上下車，以及樓梯周圍環境障礙物的位置。

因為考量平衡的關係，我們必須要協助視障朋友先上下船，還要注意船身搖晃以及船地板不平整的部分，很怕他們因此跌倒受傷，而教練則是提醒我們要幫視障朋友注意船停靠時手的位置，因為可能離隔壁船身太近造成夾到手的意外，所幸志工們以及碼頭教練都很機警，隨時會提醒大家。

賽道之外

原本划龍舟在划槳時是看著坐在前一位隊員的手部動作同步進行，但由於視障朋友看不見，光聽鼓聲又會容易跟隔壁船搞混，所以小明教練特別為視障朋友創造出一種新的划法，那就是在划槳時最後拍打船身以發出聲音區別，讓大家聽著拍打船身的聲音節奏一起前進，最後教練甚至要求全體槳手都閉上眼睛划（當然舵手和奪標手沒有），真的讓我體驗到全體用心划龍舟的境界。

將生命託付給對方的信任

視障陪跑是視障者對於陪跑員給予莫大的信任，試想我們並不是他的親人或許也才剛認識不久，如果有任何不好的念頭其實都是視障朋友無法承受的後果，但他們選擇相信這個社會是良善的，相信眼前的這個人不會欺騙傷害他們，願意把自己的人身安全交付給另一個人，這讓身為陪跑員的我們心中有種被溫暖肯定的託付。

我有一次在台北市中山女高做了一場視障陪跑的演講，其中就包含了偽盲的練習，在第一個練習中我讓一位學生擔任陪跑員，另一位同學用眼罩將眼睛全部遮起

來扮演視障者。原本扮演視障者的同學坐在原地體驗透過雙手辨認各種物品形狀的練習還覺得很有趣，有說有笑，但開始要起身由另一位同學帶領走路時就顯得不淡定了，而接下來的小跑更是讓許多同學不斷舉起手來有股想要拿下眼罩的衝動。

當場有位同學分享，她說當她開始站起來體驗到完全看不到的空間感時，頓時心中一股恐懼油然而生，即使是前不久才看過教室內的布置都是安全的環境，但沒有了眼睛的再三確認，對於整個世界充滿了恐懼，她不知道地板是不是會有異物，走路的過程會不會撞到桌角、撞到別人。跑步時耳邊更出現了風的聲音，身體也感受到速度感，此時原本的恐懼放大了數十倍，心想萬一撞到什麼後果恐怕不堪設想，最後她掙脫陪跑繩將自己的眼罩取下來，結束這段驚嚇之旅。

我解釋道，在一個全馬 42 公里的馬拉松賽事上，視障者必須經歷這樣驚嚇的過程長達 5～6 個小時而且速度比現在要快上數倍，可見視障者的內心需要多強大才能度過這樣的過程，這也是我敬重每個願意出來運動

的視障者最主要的原因，要克服這樣的人性恐懼真的太不容易了。

另一個讓高中生們震撼的則是受傷練習。我先讓戴著眼罩的同學將眼罩打開半跪在地墊上，並跟同學解釋等等我會在地墊上放一瓶飲料，你必須戴好眼罩在看不見的情況下往前撲倒。在她們戴上眼罩後，我隨機把飲料移開或放上一些柔軟的小物，在撲倒的一聲令下後，有些人刻意放慢撲倒的速度，有些人身體會不自覺傾斜想保護自己、想躲開那瓶飲料，有些人偷偷想用餘光來觀察飲料的位置，而在撲倒後我聽到有些孩子鬆了一口大氣，慶幸自己什麼也沒撞上，有些孩子會一臉疑惑，奇怪剛剛預期會壓到瓶子怎麼變成柔暖的娃娃。

練習完後我問孩子們一個問題：如果今天跌倒的是視障朋友會怎麼樣？有位同學舉手回答那應該會很慘，因為他們眼睛看不見根本無法預期會撞到什麼東西，就算憑著自然反應做個側身保護也難保就一定能躲過最糟的狀況，「沒錯。」我回答道。**當你以為自己只是個陪跑員時，別忘了此刻你正掌握著另一個人的生命。**

讓陪跑員們選擇繼續付出的力量

是什麼樣的力量支持陪跑員們選擇繼續付出？如果你問我這個問題，我會回答你：是一起完成目標後的燦爛笑容。對我來說，陪跑中最困難的不是如何去帶領視障朋友到達目的地，而是如何讓自己在冬天凌晨 5:00，天都還沒亮就必須頂著 10 幾度的低溫起床，騎著腳踏車全身包緊緊前往冷風颼颼的台北大稻埕碼頭，然後鼓起勇氣把外套脫掉帶著視障朋友跑步。這一切的回報就只有視障跑者的笑容和感謝。

在陪跑的訓練中，陪跑員必須學的第一課就是放棄自我，不管你是常上凸台的長跑好手還是習慣短程衝刺的短跑猛將，在陪跑的過程中都必須配合視障跑者的速度與步頻調整前進，在路跑的賽事中作為他們的開路先鋒。

由於他們看不見任何路面上的貓眼石或是路邊生長出來的樹枝、電線，甚至地上的減速磚都會對他們造成傷害，所以陪跑員必須充當他們的眼睛，隨時為他們偵測環境或任何可能潛在的危險。

賽道之外

　　在訓練或賽事中，陪跑員更要扮演教練的角色給予他們一點鼓勵和堅持，由於他們看不到運動手錶上的速度，光靠體感還是會有速度上的落差。以我自己為例，在帶視障者時都會每幾公里讓他們知道目前的速度是多少，離我們完成的距離還差多遠，當然，有時為了讓他們突破一下自己也會說些善意的謊言，告訴他們只差幾公里然後就提早衝刺堅持下去，最終突破了自己最佳成績。

　　我自己最喜歡的是視障朋友們常用不同的方式讓我認識這個世界。記得有一次跟台灣第一位完成 6 大馬的視障者周昆芳一起跑步，突然之間他就跟我說：「雨德，在右邊前方的位置是不是有種茉莉花啊？」我仔細一看後回說：「沒有啊。」再跑個 50 公尺後我才發現，咦，還真的有茉莉花出現耶！讓我好驚訝。

　　再跑過一座橋下之後昆芳又跟我說：「雨德，我們是不是剛剛跑過忠孝橋下？」我心想，不會吧，你連這個都知道！昆芳解釋，因為這座橋比較寬所以跑在橋下可以感受到溫度明顯下降，加上這座橋摩托車比較少所

以大多是汽車聲,他是根據這樣判斷的。

又過了一會兒,他又跟我說:「雨德,你知道現在飛在我們頭上一直在叫的是什麼鳥嗎?」此時我對昆芳的感知能力已經佩服到五體投地,我心想,這個人該不會也是個鳥類專家吧?光憑聽鳥叫聲就能知道是什麼鳥。然後他一派正經地回答我:「是粉鳥(鴿子的台語)。」我還一頭霧水在想說「粉鳥」是什麼鳥啊?恍然大悟後突然心中冒出一陣 @#$%^$$。視障朋友還挺幽默的嘛!

破框人生思維

1. 除了錢之外,你願意為這個世界付出什麼?
2. 你還記得最近一次,主動幫助不方便的人是什麼時候呢?

6-5

成為
偉大計畫的一部分

　　夏日凌晨 5:00，天還沒亮視障者吳春成師傅的意識早已清醒，他靜靜地躺在床上等待鬧鐘響起，心裡盤算著昨天的 Y 拖放在床邊哪個位置？家人把早餐幫他放在哪個桌上？家裡鑰匙昨晚是不是還放在同一個櫃子裡？今天來的陪跑員是誰，要跑哪條路線？面對著終日相伴的黑暗，天有沒有亮對他來說並不重要，因為他永遠等不到太陽叫醒他的那一天。

　　2017 年某次團練的夏天早晨，陪跑員楊鍾鼎帶著吳春成師傅來到我所屬的視障陪跑團──中山團。那天

他們兩人的訓練菜單是從大直美麗華到達大稻埕碼頭，來回大約 25 公里。

鍾鼎語帶神祕地跟我說：「雨德，等一下你陪吳師傅一起跑，他有話想跟你聊。」吳師傅跟人陪跑的方式很特別，一般的視障者都是跟我們牽著陪跑繩，吳師傅喜歡用他的手搭著人家的肩膀跑。這樣的方式不但讓兩個人能藉由手傳達彼此的溫度，同時由於他在我的耳後方，所以說的話在寧靜的早晨異常清楚。

視障者提出的不可能任務

吳師傅邊跑邊跟我閒話家常，我跟他聊起我不一樣的人生選擇，他也分享因為中年喝到假酒而失明的過往。突然話鋒一轉，他接續一句：「雨德，我們有可能跑步繞台灣一圈嗎？」我腦袋一瞬間進入計算機模式，心裡盤算繞台灣至少要 1,000 公里，就算危險的蘇花公路跳過不跑，至少也要 900 多公里，每天跑 1 個全馬 42 公里要連續跑 20 幾天，想起我自己跑完 1 個全馬就已經累到半死，鐵腿好幾天，連續跑 20 幾天是有病嗎？

我的理智堅決地告訴我3個字「不可能」，但否定的話卡在喉嚨，我的心要我先不要否絕，先聽聽吳師傅想要說什麼？

　　吳師傅接著說他原本的構想是台灣每個縣市如果都能出來一位視障朋友，大家用接力的方式不但能串連起全台灣的視障朋友，也能引發更多肢體殘障的朋友一起出來運動。多麼美的一幅圖像啊！我在腦海已經看見清晰美麗的畫面，但……吳師傅繼續說：「這個構想我有跟中華視障路跑協會提過，不過他們的回覆是目前他們剛成立不久，沒有充分的人力和資源可以舉辦這樣的活動，所以我有另一個想法。我有一個國中同學，他本身是小兒麻痺必須坐在輪椅上，所以有沒有一種可能是他出眼睛我出雙腳，兩個人相互扶持一起環島，要是不行我自己一個人跑也可以。」

　　什麼？就他們兩個殘障人士？我心裡瞬間震了一下，不過當構想從他口中說出來時，我彷彿從吳師傅已經看不見的眼球裡，看到了由生命熱情散發出來的光芒。

　　等等不對，我回神仔細思考，一個眼睛看不見、

一個肢體障礙,萬一道路不平翻車了肢體障礙者爬不起來,視障者也幫不了忙,兩個老人豈不是瞬間就團滅,這方法不可行。

短短 10 公里的時間很快就過去,我跟吳師傅說這樣的構想實在很棒,我答應他會回去想想看,鍾鼎則是安慰我,就把他當作一個老人喜歡碎碎念,正常人都不可能做得到何況是 60 幾歲連 1 個全馬都還沒跑完的視障者。那天 10 公里的旅程結束後,我頓時感到一股壓力,因為我隱約感覺到吳師傅是認真的。

環台跑步總長 1,100 公里,如果以一天 1 個全馬 42 公里來計算需要跑 26 天,即使繞過危險路段蘇花公路也要跑 22 天。根據專家建議,一般人跑 1 個全馬後最好休息 3～7 天,期間可以做些小跑或舒緩運動。

根據台灣歷史上有文字記載的跑步環島第一人是鍾萬統先生。他在民國 17 年為慶祝日本天皇登基,在地方人士支持下,從鳳林出發,經過、大武、恆春、高雄、嘉義、台中、新竹、侯硐、蘇澳、花蓮港,回到鳳林,以 10 天的時間環島一圈,成為跑步環島第一人,以他

的速度來看，每天平均要跑 100 公里。

另外，根據《民生報》報導，民國 79 年 12 月 30 日，由長跑好手陳俊成、黃白鋒帶領的 32 人長跑隊，在新年前夕展開了這場台灣史上規模最龐大的環島長跑。一行人用 8 天時間跑完全程 1,000 公里的環台行程。

看完這些紀錄就明白，基本上能參加環台跑步的人都是台灣跑步界的佼佼者，這樣的夢想就連當時視障陪跑員中最厲害的跑者都不敢嘗試，更何況是個已經超過 60 歲的視障者，需要很多陪跑員接力陪跑，還有食宿、交通等一大堆問題要解決，這個難度真的太高太難了。

我們必須成為第一個嘗試的人

平日的早上，周圍 60 幾歲的長輩們不是在公園遛狗就是跟著子孫在家看電視、在鄰居家串門子，我打電話給我同樣是 60 幾歲的媽媽問她人生還有什麼夢想，她說哪裡還有什麼夢想，不就是平平安安身體健康就好了。雖然我媽說得輕鬆，但吳師傅跟我講的那番話在往後幾天的夜晚一直讓我輾轉難眠，心裡一直想著，為什

麼 60 幾歲的人就不可以有夢想。

如果我 60 幾歲，有人跟我說你這個年紀已經不配有夢想了，我心裡一定會很難過，感覺生命到此就已經結束。所以我突然覺得當一位 60 幾歲的長輩勇敢說出他們的夢想時，我們不但要重視，更要想盡辦法幫忙他們。

想通這個道理後，我打了通電話給鍾鼎說：「鍾鼎，我覺得吳師傅的夢想可以實現！」當下得到回應是「你瘋了嗎？」

我跟鍾鼎解釋，每天都跑全馬 42 公里連續 20 幾天繞台灣一圈當然不可能，但我們能不能跑 21 公里加上走 21 公里，反正也沒規定時間只要能完成就好，鍾鼎聽完點頭覺得有點道理。要是真的不行，我們能不能一次跑個幾天，下星期再坐火車到結束點起跑，用接力的方式把它完成，反正我們是全台灣第一個挑戰的視障者，不管用什麼方式完成總會是一項紀錄。

最後我跟鍾鼎熱情地說道：「第一個挑戰的人是非常重要的，因為就算我們失敗，也會成為台灣歷史上第一位挑戰失敗的人，也是未來離成功最近的人。」**就算**

我們無法成為那個最偉大的人,我們也要成為偉大計畫的一部分,幫助別人完成偉大夢想的過程也會同時鍛鍊我們的心志。

就這樣鍾鼎被我說動了,某天早上我們到吳師傅在美麗華百貨附近的高爾夫球練習場租的工作室跟他宣布了這個消息,從那天起,鍾鼎負責跟吳師傅練跑,而我則負責召募更多的視障陪跑員加入我們的行列。

跑步機上的強者 賽道上的傷者

剛開始練跑時,吳師傅在自己的按摩工作室放了台跑步機練習跑步,為了模擬跑步爬坡的效果,不僅調整跑步機的傾斜角度還多墊了兩塊磚頭。據他所說,當時可以在跑步機上跑個 6 小時,但有經驗的跑者們應該都知道,跑步機上的練習和實際路面有著極大的差異。

跑步機因為有履帶的帶動跑步時比較不費力,而且腳踩的地面比較柔軟不像外面的柏油路有極大的反作用力。即使吳師傅因為長時間練習已經消耗了幾台跑步機,但訓練效果卻很差強人意。

由於室外路面的反作用力需要更多肌力訓練加以抗衡，但吳師傅已經習慣跑步機上的速度，訓練不足的情況下卻企圖保持相同的速度反而給予身體更大的負擔，進而常常造成運動傷害。

　　當時的吳師傅不懂跑步，常常在 42 公里全馬賽中前半馬一直衝刺，到後半馬時身體就無法負荷這樣的速度，原本降低速度或用快走也可以完成後半段賽事，但他時常寧願選擇棄賽也不願意妥協，所以吳師傅的陪跑員經常無法完賽，間接影響陪跑員陪跑的意願。

　　就這樣持續了 3～4 個月，吳師傅的練習斷斷續續，有時說腳痛，有時說身體不舒服，但要他改變跑步習慣他又不願意，把我跟鍾鼎的一番熱情澆了一大盆冷水，陪跑員們也逐漸人心渙散。

　　如果你跟吳師傅討論這種情況要如何改善，他就會回答你：「只要我們開始環島後這些情況就會好了。」當時我的心裡想：「我的天啊！要是我們去募到一堆錢和一大群陪跑員，結果只跑個 3、4 天就受傷回家，那我跟鍾鼎這輩子應該會被罵死。吳師傅看不見也就算

賽道之外

了,我們可是在跑團常常要跟人家見面的!」

當時我們彷彿走進生命的黑洞,完全看不到盡頭也不知如何進退,對外跟朋友宣告要完成這個夢想但生活中卻執行的零零落落,最後我們跟吳師傅達成一個共識:以每年8、9月舉辦的「台東關山9連馬」(連續跑9天全馬)作為最後的測試,如果沒有完成,那這個計畫就宣告結束。

就這樣,2017年8月的關山9連馬就成為是否要進行環台的關鍵,不過9連馬遠在台東縣關山鄉舉辦,光是住宿交通就是大問題,更何況我和鍾鼎兩個人都沒有跑9連馬的實力,連續請9天的假搞不好連工作都會丟了,即使是我不用上班,但放著家裡的小孩不管老婆恐怕也不會答應,所以誰來帶吳師傅跑就成了最大的問題。

為了見證台灣第一位視障者挑戰關山9連馬,在我們的號召之下,許多陪跑員都自費從台北自己搭火車,分擔住宿費,陪跑完幾天後又自己回到工作岡位上班。然而在賽事第2天我就接到鍾鼎打來的電話,他說:「吳師傅受傷了。」這場賽事的地形十分複雜,但吳師傅習

慣穿 Y 拖跑步，結果因為大拇指踢到異物而受傷無法跑步，只跑了 21 公里就回民宿休息。

我和鍾鼎心都涼了一半，難道盲人環台活動的夢就此結束了嗎？當天吳師傅去了醫院包紮，吃了藥、打了針，隔天早上還是繼續出現在賽場上，只是速度慢了許多，而我也在隔天到達台東，陪著這個生命的勇者繼續後面幾天的賽程。雖然吳師傅沒有成為第一位完成關山 9 連馬的視障者，不過他的奮戰精神已經感動到每一位陪跑員，足以讓我們往環台的夢想前進。

2017 年年底，在扶輪社社長郭瑞和經費的支持下，我們開啟了為吳師傅跑步圓夢環台的活動，900 多公里 25 天的路程，歷經台灣四季的氣候變換，終於在 2018 年 1 月初完成首屆「盲人環台為公益而跑」活動。

從第 2 屆開始，每一年年底我們都會帶著視障朋友跑步繞台灣一圈並為許多社福團體募款，截至 2024 年為止，這個活動每年都會有數千人參與，在環台跑步的路上一起加入我們，並將善款帶到全台灣每一個角落。此外盲人環台為公益而跑活動獲得許多媒體青睞，在

2022年由《華視新聞雜誌》拍攝紀錄片，並在「社會光明面新聞報導獎」中獲得「電視新聞報導類」優等佳績。

用生命影響生命

16天全程請假，跑步近700公里，沒有薪水，每天早上平均5:00起床，還要做各種雜事，是什麼理由讓這群傻瓜志工每年願意來參加這項活動。在這裡，志工們無法得到任何物質上的回饋，更不會有薪水，每個人來到這裡想到的就只是付出，做更多的事承擔更多的責任，但不知道為什麼許多人透過這個過程找到屬於自己的價值。

這個活動中最難能可貴的是，沒有人在乎你過去的成就、身分、地位或是你捐給活動多少錢，贏得別人敬重最簡單的方式就是在活動中選你能做的事或角色，然後主動的付出，因此在這裡不再有社會中的贏家或輸家，不再有老闆、伙計，只有選擇繼續付出的人。

我問陪跑志工，你知道你這十幾天的任務是什麼呢？他答：「不就是一直跑步？不然就是把自己負責的工作做好，不是嗎？」我說：「不，你在展現一種對生

命的態度。」我們今天可以去上班賺錢、去休假玩耍，但我們卻出現在這裡做著一些微不足道的小事，就因為我們相信透過這個活動可以讓這個世界有一點點不同，能讓社福團體看到有人放著班不上也要來關心他們。

這就是盲人環台活動的精神。把一件別人眼中微不足道的小事一直做下去，直到它成為大事，之後再引發更多人一起出來幹大事，直到那個夢想實現。每位志工朋友在這個活動裡都是主角，負責執行的事都是大事，我們敢保證一趟環台路跑下來，你將會有一整年說不完的故事和感動。環台 16 天，每一天是特別的也是珍貴的，因為每天你只會擁有一次。

赤腳跑步的視障者安仔也曾在活動中分享，他說從小他就看不見，從讀盲校開始就受到扶輪社、獅子會的幫助，這輩子只有他在接受別人的幫助，從來沒想過自己也能幫助別人。現在只要他願意出來跑步就能引發更多人的參與，募集更多資源來幫助這些弱勢團體，這是他唯一可以回饋給這個社會的方式。

這個生命態度的影響力，我在台中惠明教養院甘院

長的分享中記得非常清楚,她說,每一年看到吳師傅來到惠明總是能給這些院童很大的鼓勵,因為一位失明又年紀這麼大的長者可以用自己的雙腳繞著台灣跑,代表著努力和不放棄,而且平時叫不太動的院童,只要跟他們說這是要表演給吳師傅看的,他們就會打起十二萬分精神振作起來。

施與受都有福

在暢銷作家愛瑞克的著作《內在成就》中,有一段話是我自己十分喜歡的,他提到若我們停留在自己舒適圈內,那麼一生能力的極限大概就是已知;一旦我們站出來,去幫助別人,若幫助的人是無限,我們的能力也就無限擴充了。

我從一個原本單純想幫一個視障老人家完成挑戰圓夢的念頭,沒想到發展成每年為期16天數千人參加的大型活動,到2024年初已經辦到第7屆。為了推廣這個活動我開始突破自己人生的限制做我過去從沒做過的事,從開始寫新聞稿、憑自己的力量寫了《一群傻瓜繞

台灣：盲人環台為公益而跑感動紀錄》這本書、上電台媒體接受採訪宣傳這個活動、到各國高中小進行生命教育演講、成為 AED Runner、主持 Podcast 節目。

每一個領域都是我過去不曾接觸過，在這過程中我會有害怕、擔心，因為我不是專業、沒有經驗等的顧慮，但絕大部分的志工都是上班族或老闆需要騰出時間去工作賺錢，眼下只有我有時間去嘗試，所以我選擇站出來去當那個人，就這樣一步一步拓展自己的能力，感覺付出許多但到頭來我覺得自己才是那個得到最多的人。

破框人生思維

1. 當你遇見一位 60 歲的視障者說出遙不可及的夢想，你會選擇先相信他嗎？
2. 當生命來到 60 幾歲，你會像吳春成師傅一樣大膽地說出自己的夢想嗎？
3. 你會為了幫助別人達成夢想同時也突破自己舒適圈，往不同的領域前進嗎？

Chapter 7

打造不被定義的
破框人生

還記得在退休幾個月後,我在便利貼重新寫下自己對於人生成功的定義嗎?

- 盡情享受生命每一刻
- 有足夠的金錢來支持我的夢想
- 有一群很好的朋友可以一起實現更大的願望
- 擁有健康的身體能全心全意投入生命
- 很棒的家庭和家族關係

　　以上這其實就涵蓋 FIRE 人生中最重要的 5 個面向:志業/興趣、健康、朋友、家庭、理財。而支撐這些面向的關鍵因素就是創造自己定義的財務自由。

7-1 創造自己定義的財務自由

財富在我的人生過程中,一直是前往成功道路上的獎勵而不是目標本身,一旦把它視為追求的標的,很容易受到欲望的誘惑並進入追求物質的無盡循環中,最好的結果是**尋找生命中既有意義又能賺到錢的目標,就算短期間無法達到也先放在心中**,或許在你退休時你會重新想起它。

財務自由的數字與意義對於每個人都不同,對我來說就是「有足夠的金錢來支持我的夢想」。然而,自由的另一個面向就是自律,為了確保自己走在前往目標的

道路上,必須隨時醒覺自己的狀態。

創造財務自由的 3 個方向

1. 增加收入

根據媒體報導,元大台灣 50(0050)成立於 2003 年 6 月,為台灣首檔 ETF,成立至今逾 21 年,截至 2025 年 2 月底規模已突破新台幣 4,000 億元,累積總報酬率約 900%。如果你 23 歲大學畢業一開始工作手上就有 200 萬元投資 0050,那麼 43 歲時就可以擁有約 2,000 萬元成為千萬富翁,所以問題是如何不偷不搶在工作中賺得第一桶金。

我自己獲得財富方式是利用創業,當然這個方式風險較高並且牽涉人格特質,不過台灣中小企業發展蓬勃,或許可以先培養第二專長,用接案增加收入再尋找創業的機會。另外,如果某項技能是因應社會需要但別人還無法提供的,也是項值得投入的工作,像是一些新的工作職位例如:寵物溝通師,空間整理師等。

加入高科技業當然是讓薪水立即增加的選擇,雖然

因為員工分紅費用化員工已經不再有機會領到配股，但如果能提早進到未來有上市櫃計畫的公司工作依舊有機會參與認股，獲取一筆財富。我有一位學會計的朋友本身並沒有科技背景，但因為加入一家有前景的小公司，在公司上市時就賺到一筆財富。

利用海外工作拉高自己的工作視野及高度，這是我給已經在職的朋友忠實的建議，利用公司組織擴張的機會勇敢地向海外前進，不但有機會接受更高職位和薪水，同時也能擴大自己的視野，誰說提早退休一定要在台灣呢？

以上各種方式都需要突破自己熟悉的框框，在人生中冒險，如果只想過一般人的生活模式卻又希望能與眾不同、提早退休，那也太奇怪了吧！

2. 減少支出

不要因為收入增加就因此增加消費，犒賞自己一下無可厚非，但千萬不要因此養成習慣。有意識管理自己的消費，每次消費時優先考慮功能性和急迫性並思考其

他替代方案，許多消費的欲望只是一時衝動，如果可以離開當下情境就能判斷自己是真的需要還是一時想要。

3. 投資理財

有意識的管理自己辛苦賺來的錢而不是想要一夜致富。**世上沒有快速致富的方法，如果有，那只不過是別人在利用你發財**。建立如何理財的觀念和善用適合自己的工具，絕對是你人生最重要的一步。

我自己沒有投資個股賺到錢的經驗，或許是因為身邊的朋友都是實業家，靠的都是經營企業或房地產賺錢，投資個股即使賺到錢也都是小打小鬧，誰也不敢押上身家。自己的財富累積主要還是來自於創業及房地產，目前支應生活開銷的收入主要來自於特別股及租金，有多餘的部分則會購買指數型ETF。

至於我自己喜歡房地產的原因，是因為它是我們大多數人第一個使用財務槓桿的金融商品，相較於其他投資商品，房地產的價格波動性不大，更重要的是沒有手機上的行情表每天告訴你今天賺多少、賠多少，讓我可

以專注在企業的經營上。只是入門的資金門檻比較高，所以如果你是年輕人，建議還是以 ETF 指數化投資為主，利用定期定額累積自己的資產。**臣服於大盤，把研究股票的時間用在造就自己的生命歷程**，是我給年輕人的忠告。

平衡退休生活的 5 面向

「志業／興趣」、「健康」、「朋友」、「家庭」、「理財」是退休生活中不可或缺的 5 面向。退休後我們雖然離開了職場，但人生的道場依舊要繼續，經過 10 年 FIRE 生活的實習，我對於這 5 個面向，我有一些體悟想分享給大家。

過去 10 年內，我開始列出自己這輩子沒做就會遺憾一輩子的事，一項項的完成。願意嘗試各種新事物，並在自己有興趣的自釀啤酒上花時間研究達到卓越的成績，開始鍛鍊身體玩鐵人三項，完成超級鐵人賽和一日雙塔，擔任視障陪跑員和 AED Runner 交到許多新朋友，又和一群好朋友一起實現盲人環台公益活動的夢想，陪

著父母一起退休又陪著孩子在華德福教育裡一起長大，認真地研究投資理財只希望能守護得來不易的財富。

每個生活面向我都盡量讓自己活到最精彩，因為我明白**生命的成長並不是活了多久，而是你在生命每一刻中刻畫下多深的痕跡**。

如果退休的你真的不知道要如何安排自己的退休生活，歡迎你一起成為視障陪跑員，加入盲人環台為公益而跑活動，這樣你志業、健康、朋友 3 個面向我們都包辦了。

破框人生思維

1. 從「志業/興趣」、「健康」、「朋友」、「家庭」、「理財」這 5 個面向，寫下自己想在退休時達成的狀態。
2. 為自己心中的財務自由，下一個屬於自己的定義。

7-2

給不同階段的你一些建議

退休對你來說意味著什麼？是即將面對人生不知道要如何規劃的空白時間？看著身體各種數值不斷的老化？見不到辦公室裡那群熟悉的老朋友只能回到空空蕩蕩的家？還是面對存摺裡雖然不多但勉強可接受的金額？

現在的你可以做些什麼？**如果你是年輕人**，我期待你做的是：**把未來發展和人生冒險放在累積財富之前。**金錢在年輕的時候是用來投資自己、支持夢想的工具，而不是拿來累積的，把賺來的錢投資在自己身上，勇敢

去嘗試各種領域，當老闆問：「有誰想試試時？」勇敢地舉起手才是年輕人該做的事。

如果當初的我執著於廣達電腦的升遷和股票，就不會有後來創業的機會，如果當初眷戀於39歲總經理的名片，那就不會有我後來精彩的退休人生。

專注提高本業的收入才是通往財務自由的根本，所以選擇簡單的投資工具、不要花時間研究打敗大盤，用時間來累積財富。投資ETF沒有比投資自己更好，投資人生經歷比平凡一生更有趣。

如果你跟我一樣正值中年，我想告訴你的是：先有心靈自由才有財務自由。許多朋友對我最好奇的部分，無非是為什麼捨得在人生事業巔峰的時候走下舞台，孰不知「自由」是我人生中最看重的價值。

當我醒覺到陷入某種循環或被某些事物所制約時，時間一久，就會下意識想要掙脫這個舒適圈，例如當我意識到在廣達電腦工作年復一年就能得到不錯的待遇時，我體會到的不是穩定而是永無止境的兩點一線生活模式。

在停車場裡，當我體會到必須依靠開什麼車來彰顯

自己人生的成就時,此時車子的好壞已經取代了我存在的價值。同樣的名譽、地位、權力也會成為證明自己價值的標籤,為了配合這些「標籤」我們必須把錢花在買高價物品而不是買自己真正想要的東西。為了不斷贏得社會的認同只好投入自己全部的人生,無止境的追求物質上的滿足。

「夠了」代表的是自己已經盡過最大的努力,已經達到過成就,累積的資產已經可以滿足自己生活上的需求。當我們具有獨立的看法與價值觀時,才能擁有財務上的心靈自由。因此當你心靈自由時自然能決定財務自由的數字,因為你的生活模式、消費習慣甚至人生追求的目標,不再受到社會觀感與他人看法的限制,否則有一天達到設定好的財務自由數字時又會受到干擾,陷入永無止境的循環中。

如果有一天你也很幸運能提早退休,不妨把自由的因素考慮進去,是多幾年健康的身體去完成自己的人生夢想,還是賺更多的錢用在後續的醫療和長照上。

如果你是即將退休的大哥大姊,我想分享給你的

是：如果我們的人生沒有遠見，我們就是在等待生命的終點。當你不再對這個世界充滿熱情，不再對探索世界充滿好奇心，就是生命停止的時候。

試想，當你年復一年，日復一日的每天吃一樣的東西、上下班走一樣的路線，這樣的生活過 1 年跟過 10 年有什麼差別呢？如果讓你很僥倖地就這樣生活直到退休的年紀，那麼已經習慣這樣生活的你可能在退休那一刻突然變得有活力或變成另一個人嗎？答案是不會的。因為到那個時刻你將會很慌張，因為你的人生終於要迎來最大的改變，而許多人因為無法一下子接受這麼大的改變所以心理和身體開始出現不適應的情況。

我從已經退休的爸媽身上學到以下 3 件事：

1. 活在當下比以後再說重要

我常聽我媽說退休後時間就自動加速，一年一年過得很快，但跟兒女在一起的時候時間又突然變得很慢，每一刻都值得珍惜。在我規劃帶著媽媽去旅行時，常常會以「可能沒有以後了」來做考量，所以每次的旅行都

是媽媽的人生新體驗,像是去酒吧喝啤酒、去東京棒球場看棒球、去冰川釣魚等。我媽總是在我的陪伴下突破自己人生的框框創造人生的新體驗,有時發現活動費用太高時捨不得想說下次再來,我媽反而會說:「這錢我出啦!不然是還有以後喔?」看起來我媽比我更活在當下。

2. 保持繼續探索世界的好奇心

記得年少時某天下午,在學校圖書館滿足地閱讀完好幾本倪匡小說後,我突然有個感覺,當我退休時就只需要吃三餐和一座圖書館,物質糧食和精神糧食都滿足了。閱讀和看電影是我不斷探索世界的一種方式,所以即使離開職場,我依舊保持閱讀各式商業雜誌的習慣,甚至擴大到其他領域。

這個習慣是從我爸身上學來的,即使我爸現在已經年過70,但他依舊保持閱讀的習慣,雖然都是去漫畫書店租各式各樣的小說,而同為70幾歲的我媽則是去社區大學上各式各樣的課,以及參加許多菜市場或社區辦

的一日遊旅行團。

曾經我就問我媽：「奇怪，怎麼你這禮拜旅遊拍的照片，跟上個月拍的差不多呢？」仔細確認才發現居然是同個景點。我媽後來才回答：「哎呀，去哪裡其實不重要啦！只要能跟人家一起在車上唱唱歌、聊聊天、到處走走，去哪裡不都是一樣。」

3. 退休後繼續保持投資

在我 39 歲退休後依舊持有不同的資產在市場裡，它們以房地產、ETF、特別股形式存在。每年我只取生活所需要的金額，如果還有剩餘就會繼續投資，這樣的好處是即使有通貨膨脹，這些資產的增長或多或少也都會抵消一些，最糟的狀況就是持有大量的現金在手上沒有好好管理，任由通貨膨脹一點一滴吃掉你的消費能力。

破框人生思維

審視自己目前在人生的哪一個階段?現在的生活模式和努力方向可以幫助你達成未來想要的目標嗎?如果是,你必須要冒怎樣的險或採取怎樣的態度才能加速這個目標的完成;如果不是,你必須做出哪些改變或挑戰才能把自己拉回軌道?又或者是你需要宣告放棄這個目標,重新問自己心中想要的到底是什麼。

7-3

人生的指引
未來的自己

我們的人生會遇見許多「未來的自己」，藉由這些自己心目中的典範來作為努力的目標或人生的指引。小時候可能會是某些很會打籃球的學長們，每天下課後就去球場看學長打球，模仿他們的球技和嘶吼聲，期待有一天也能跟他們一樣成為全場注目的焦點。進到球隊後才發現訓練很辛苦而且自己不但長得普通，資質也不夠，漸漸地放棄了這條道路。

讀書的時候，有錢人希望能出國讀個研究所，條件一般的人希望能考上好的大學。等到找工作時看到報

紙、電子媒體播放著電子新貴們每年平均年薪幾百萬的廣告就迫不及待地排隊進去賣肝。還記得當年我剛進去電子業的時期，鴻海集團郭台銘先生就曾在公開場合問：「你尿變黃了嗎？」提醒對方還要多加把勁，順道也對其他人發出警示。

這樣的方式絕對不是錯誤，畢竟台灣經濟和發展也是靠著眾人的辛勞才在國際有著舉足輕重的地位，並且我們必須藉由許多的人生成就定位點，來確保自己走在安全的道路上，至少可以知道將來會達成怎樣的成果。

只是每個人生來就具有獨特性，並不是一樣米可以養百樣人，所以很幸運地在我遇到許多人生的重要轉折點時我先停下來，選擇去想像未來 5～10 年後的自己。像是在廣達電腦，主管要將我升職時反倒提醒了我，是不是想要幾年後跟辦公室隔間最後一排的他們一樣依舊過著兩點一線、高工時、沒有自己的人生。

當我事業有點小成就達到個人的巔峰時，我從成功人士 C 總身上看到另一個 5～10 年後的自己，才突然發現原來所謂成功人士的生活並不是如同書上那麼光鮮

亮麗，除了背負龐大的經營壓力也同時面臨家庭與事業無法兼顧的問題。不過我發現即使我沒跟上 C 總的步伐，我還是做了另一個選擇：39 歲離開職場。這也印驗了為什麼我會遇到 50 歲就想退休、把公司交給我的老闆，可能當時在我的內心深處早已暗暗的埋下想要提早退休的種子，只是這個時刻比我老闆還要早日到來。

等到生活中我們再也找不到可以追隨的對象時，此時我們必須回到內心深處問自己渴望的是什麼？想要在這個人生創造什麼？由更高層次的心靈或理想引導我們創造出不同的人生道路。

人生並不是只是一股腦地像個盲目登山者，只知道隨著前人們綁的登山布條往上爬，你總要看看前面的人過怎樣的生活，再來決定是不是以他們為努力的目標。我們必須將眼光拉到 10 年、20 年後，用「以終為始」的視角從山頂來看看正在努力爬山的自己，**或許我們根本不需要跟別人一樣選擇攻上山頂，而是找到一條沒人走過的路徑，尋找到更美麗的風景**。我曾經聽過這麼一句話：這輩子唯一不能騙的就是自己。

走出一條足以影響他人的嶄新道路

2023 年閱讀了楊斯培醫師著作的《要有一個人》給我很深的體悟。我一直以為自己只是在做自己堅持的事情，但沒有想到有一天這些人生的軌跡居然能變成別人學習的對象，甚至能獲邀到各地去演講分享。

看完那本書，回頭審視自己的生命歷程，「要有一個人」這條路已經開啟：

- 願意放棄高年薪跳到小公司
- 敢 39 歲放下一切離開職場
- 不計金錢，積極參加兩岸三地釀酒比賽
- 認為陪伴視障者跑步環台是可行
- 願意為了孩子教育從台北搬到宜蘭

「要有一個人」的旅程仍會繼續，看到許多 FIRE 前輩沿路綁的登山布條，我知道我不孤單。如果讓我重新決定，我依舊會勇敢選擇成為那個人。

破框人生思維

1. 誰是未來 5～10 年後的自己？

2. 你有真正的去了解他/她在現實人生中所遇到困難或感到成就的地方嗎？是不是跟你的想像有落差呢？

3. 當你工作的目的不再是為了填飽肚子時，你想要如何過日子？

Note

致謝

精彩人生
永不停歇

感謝我爸用他的生命歷程教會我許多人生的道理，我的岳父岳母在我決定離開職場時給我無比的信心和支持。

感謝我的老婆和孩子願意接受一位如此與眾不同的老公和爸爸，在我每次突破自己人生的舒適圈時給我百分之一百的支持。

我媽最辛苦，因為每次我有什麼新的「齣頭」（念頭的台語）總是會帶上她，從喝精釀啤酒到跑馬拉松，她是我心目中最有活力的退休大姊。

最後我想感謝參與我每一段生命歷程的朋友,謝謝你們豐富了我的生命,未來的時間還很長,讓我們一起繼續創造不一樣的精彩人生。

- **擔任視障陪跑者**

我們從小就習慣了去完成別人心目中的成功，等到有一天我們真的達到了巔峰才會發現，得到的不過是一副名叫成功的堅硬盔甲，不但阻隔我們和別人的連結，也切斷了我們和內在的自己，驀然回首才發現其實真正能令內心感到自豪、快意的，可能只是伸出自己的手，用舉手之勞幫助其他人的無能為力。

323

- **生命會互相影響**

為了推廣「盲人環台為公益而跑」活動，我開始突破自己人生的限制，做我過去從沒做過的事，擔任起「有愛益起跑」Podcast節目主持人。付出的同時，我發現自己才是得到最多的人。

- **成為 AED Runner**

想貢獻我自己的心力，我成為了AED Runner，在賽道上隨身攜帶AED，守護跑者們的健康安全。

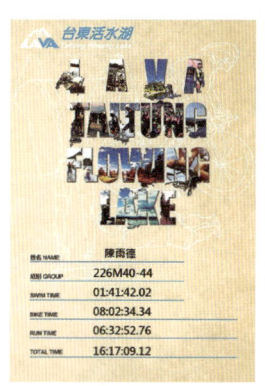

▪ 不斷挑戰自己的極限

退休後,我沒有像其他人環遊世界、吃遍各地美食,或是買名車、住豪宅,而是允許自己冒更大的險、經歷更精彩豐盛的人生。退休不是結束,而是另一場試煉的開始。

▪ 成為自釀啤酒達人

因緣際會下，酒量不好的我開啟了我的自釀啤酒人生。秉持著「要嘛不要做、不然就做到最好」，我不斷嘗試、設下目標，累積小成功建立自己的自信，在陸陸續續得到更多的成功後，我決定挑戰更大的舞台，不是為了揚名立萬而是單純的想知道自己的極限在哪裡。

- 把時間花在珍貴的人身上

很多人為了衝刺事業,把時間花在工作和應酬上,驀然回首,才發現小孩已經長大、父母已經年邁花,翻開相本才發現和家人的生活記憶少之又少,我不願自己落下這樣的遺憾,於是退休後,我花更多時間在我珍貴的家人身上。

327

賽道之外
從 3A 總裁到冠軍自釀啤酒師的破框人生

作　　者：陳雨德

總 編 輯：張國蓮
副總編輯：李文瑜、周大為
責任編輯：袁于善
封面設計：林若渝
美術設計：謝仲青
封面攝影：黃聖育

董 事 長：李岳能
發　　行：金尉股份有限公司
地　　址：新北市板橋區文化路一段 268 號 20 樓之 2
傳　　真：02-2258-5366
讀者信箱：moneyservice@cmoney.com.tw
網　　址：money.cmoney.tw
客服 Line@：@m22585366

製版印刷：緯峰印刷股份有限公司
總 經 銷：聯合發行股份有限公司

初版 1 刷：2025 年 3 月

定價：420 元
版權所有 翻印必究
Printed in Taiwan

國家圖書館出版品預行編目（CIP）資料

賽道之外：從3A總裁到冠軍自釀啤酒師的破框人生/陳雨德著. -- 初版. -- 新北市：金尉股份有限公司, 2025.03
　　面；　公分
ISBN 978-626-7549-18-6(平裝)

1.CST: 陳雨德 2.CST: 傳記 3.CST: 職場成功法

783.3886　　　　　　　　　　　　　114002446